TERREUR EN AUSTRALIE
LES VRAIS « WOLFE CREEK »
15 affaires réelles et effrayantes

LIONEL CAMY

ISBN : 978-2-9575237-1-9

TABLE DES MATIÈRES

INTRODUCTION

Pour démarrer, laissez-moi vous conter une expérience personnelle. Elle remonte à des années avant que mon premier roman *Passager vers l'enfer* ne soit publié et encore plus longtemps avant que je ne fasse des vidéos sur YouTube. Avant de devenir auteur, j'ai beaucoup voyagé dans le monde, sac à dos, pour cause de budget serré et aussi par soif d'aventure. En 2009/2010, j'ai pris une année sabbatique pour partir douze mois en Australie et Nouvelle-Zélande. Utilisant les transports en commun pour me déplacer, avec mon matériel de camping sur les épaules, je n'avais pas les moyens de m'offrir l'hôtel, aussi travaillais-je régulièrement au sein de petites exploitations agricoles ou chez des particuliers, en échange du gîte et du couvert. Pour trouver ces jobs de courte durée, je passais par le biais de réseaux de volontariat tels que WWOOF ou HelpX.

En septembre 2009, j'ai bossé trois semaines au Daintree Wild Zoo, un parc animalier situé à Mossman, dans l'État du Queensland, sur la côte nord-est de l'Australie. Vu la grandeur du zoo, nous étions plusieurs bénévoles internationaux à travailler simultanément. Pendant les pauses et repas, nous échangions souvent entre collègues. Au cours de l'une de ces discussions, je dis un jour innocemment que j'avais fait de l'auto-stop à mon arrivée à Darwin, en Territoire du Nord. Une collègue italienne réagit alors vivement, presque de manière agressive. D'après elle, faire du stop en Australie s'avérait très dangereux, voire suicidaire. À l'entendre, j'avais eu un comportement totalement irresponsable. Ne comprenant pas sa réaction, quelque peu disproportionnée, je lui réclamai quelques explications. Elle m'informa que des auto-stoppeurs avaient été assassinés en Australie dans le passé. M'intéressant déjà depuis longtemps aux histoires criminelles, j'enregistrai cette information dans un coin de mon cerveau.

À mon retour en France, courant 2010, j'entrepris des recherches sur internet et je découvris l'affaire des *Backpacker Murders*, l'une des plus terrifiantes et passionnantes qu'il m'ait été donné de connaître. Pendant plusieurs semaines, je me suis plongé dans les méandres de ce dossier pour le moins nébuleux. J'ai accumulé les informations et documents sur cette affaire, avec l'intuition qu'ils me serviraient peut-être un jour. Étant passionné de cinéma en général, et notamment de films d'horreur, j'appris à cette occasion que le film *Wolf Creek*, que j'avais vu à sa sortie en 2015, s'était partiellement inspiré des *Backpacker Murders.*

Tourné en décors naturels, sur un mode réaliste, le long-métrage *Wolf Creek* - du réalisateur australien Greg McLean - commence presque comme un film de vacances. Mais son générique de début annonce tout de suite la couleur. En effet, le spectateur peut lire, écrit en lettres blanches sur fond noir, les phrases suivantes :

Ce qui suit est basé sur de vrais événements.
30 000 personnes sont portées disparues en Australie chaque année.
90 % sont retrouvées en mois d'un mois.
Certaines ne sont jamais revues.

L'histoire de *Wolf Creek* est censée démarrer en 1999 à Broome, une station balnéaire touristique sur la côte ouest du pays, en Australie-Occidentale. Nous faisons d'emblée connaissance avec les héros du film : un trio de jeunes *backpackers* ou voyageurs sac au dos, comme on en croise des milliers en Australie. Après avoir fait la fête avec d'autres touristes à Broome, trois amis - Ben, un surfeur charmeur de Sydney et deux jolies Anglaises, Kristy et Liz - partent visiter ensemble l'Outback à bord du break d'occasion de Ben.

Au cours de leur périple, le petit groupe marque un arrêt pour faire une randonnée à Wolfe Creek, un cratère géant au milieu du désert. Il est à noter que le site géographique singulier, dont le film puise son titre, existe réellement en Australie-Occidentale. Mais son nom se termine par un « e », à la différence du titre du film de Greg McLean. Le changement d'orthographe est sans doute volontaire, pour des raisons légales. Ayant fait l'objet de suites, d'une série et de produits dérivés, *Wolf Creek* est devenu l'équivalent d'une marque. Et, sachant qu'il a été écrit en toute indépendance vis-à-vis des auteurs de la franchise cinématographique, le présent livre a fait le choix de respecter l'appellation d'origine du site.

Localisé au cœur du parc national du cratère de Wolfe Creek, à 1 338 km au sud-ouest de Darwin et 152 km au sud de la bourgade de Halls Creek, l'endroit se révèle particulièrement isolé. Encore une fois, l'omission du « e » dans le titre du long-métrage est sans doute volontaire, peut-être pour éviter de trop stigmatiser la région. Fréquemment mal orthographié, le cratère doit son nom non pas au loup (*wolf* en anglais), mais à Robert Wolfe, un prospecteur et commerçant ayant vécu dans la ville de Halls Creek à la fin du XIXe siècle. Mesurant 880 m de diamètre, et d'une profondeur de 60 m, le cratère, formé par l'impact d'une météorite volumineuse il y a 300 000 ans, est le deuxième plus grand au monde, après celui de Vredefort en Afrique du Sud. Exceptionnellement conservée et loin de tout, la cavité de forme arrondie fait la joie des randonneurs et photographes. Eu égard à son isolement (il n'est accessible qu'en voiture), le site ne fait pas l'objet d'un tourisme de masse et l'on ne peut que s'en réjouir.

Plaisante à regarder, la première demi-heure du film *Wolf Creek* pourrait presque passer pour une publicité faite par l'office du tourisme de l'État du Western Australia. Nous apprenons à mieux connaître les personnages principaux, et, comme ils sont plutôt bien écrits, il est facile de s'attacher à eux. À un tiers du film, Ben, Kristy et Liz effectuent donc un trek jusqu'au sommet du fameux cratère, où ils prennent des photos. La suite de l'intrigue devient plus inquiétante lorsque, de retour à la voiture, le trio constate qu'elle est en panne. Tandis que les touristes sont contraints de passer la nuit seuls à Wolf Creek, un chasseur de kangourous professionnel, familier du bush, nommé Mick Taylor vient leur prêter assistance. D'un abord amical et l'air serviable, l'Australien leur propose de remorquer leur véhicule jusqu'à son domicile, afin de procéder aux réparations. Disposant de peu d'options, les jeunes gens acceptent l'offre et le piège va se refermer sur eux. Car le bon samaritain va ensuite révéler sa véritable nature, celle d'un tueur xénophobe et psychopathe, prêt à leur faire subir les pires sévices…

D'une noirceur inattendue et éprouvant pour les nerfs à cause de ses accès de violence, *Wolf Creek* est une pure réussite dans le cinéma de genre, réservé à un public averti. Malgré son petit budget (un million de dollars), *Wolf Creek* a rencontré un joli succès au box-office. Il a rapporté trente fois plus que son coût de production au niveau mondial. Le long-métrage a logiquement connu une suite, *Wolf Creek 2,* en 2013, et également une série télévisée en 2016/2017. Un troisième volet de la saga serait même en prévision.

Ces précisions apportées, venons-en au sujet central de ce livre. Il s'agit de présenter diverses affaires criminelles et faits divers australiens dans lesquels les victimes étaient des touristes et pour lesquels les médias locaux ont fait référence au film *Wolf Creek*. Le film est incontestablement entré dans la culture populaire, puisque l'expression « attaque dans le style de *Wolf Creek* » est désormais régulièrement employée par les journalistes anglo-saxons. *Terreur en Australie : les vrais Wolfe Creek* réserve la place qu'elle mérite à l'affaire des *Backpacker Murders*, très riche et infiniment complexe. Elle et Ivan Milat, son personnage central, auront droit à plusieurs chapitres. Seulement, vous allez surtout découvrir des histoires, pour la plupart totalement méconnues, même du public australien. Elles ont été réunies et reconstituées dans ce livre grâce à un fastidieux travail de recherche. D'un degré de gravité variable, les récits se terminent parfois bien, heureusement.

Au-delà d'une simple énumération d'évènements à l'issue parfois tragique, *Terreur en Australie : les vrais Wolfe Creek* a aussi une vocation pédagogique : sensibiliser les voyageurs aux questions de sécurité. Le risque zéro n'existe pas plus en Australie qu'ailleurs. Les statistiques de la police fédérale australienne montrent qu'environ 38 000 personnes - des jeunes pour la moitié - sont portées disparues chaque année dans ce pays (chiffres de 2019). 64 %, soit les deux tiers de ces dossiers, sont résolus dans les 24 heures. Néanmoins, une petite proportion de ces hommes, femmes et enfants ne sont jamais retrouvés. Sans preuve claire de vie ou de mort, nous sommes dans l'incapacité de savoir ce qui leur est arrivé.

Pour finir, il ne s'agit nullement de dissuader les gens de visiter ce fabuleux pays qu'est l'Australie, mais, au contraire, de les informer et de les « équiper mentalement » pour que leur périple se déroule le mieux possible. Comme le dit la sagesse populaire : *un homme averti en vaut deux*. À celles et ceux qui projettent de passer des vacances « la tête en bas », la traduction littérale de *down under* - comme l'on a coutume de dire en Australie - je conseillerai juste de rester toujours prudent et de ne jamais faire d'auto-stop, même à plusieurs. Mais, trêve de bavardage, partons tout de suite dans l'hémisphère sud, à l'autre bout du monde. Et n'oubliez pas que ces histoires sont bien réelles…

1.

LES MEURTRES DE SPEAR CREEK QUEENSLAND 1978

Les faits

Âgée de 23 ans, Karen Edwards travaille comme psychologue médicale stagiaire à Dandenong, une banlieue de Melbourne, dans l'État du Victoria. En ce début d'automne 1978, Karen a prévu plusieurs semaines de vacances. Elle doit réaliser un road-trip en moto à travers l'Outback – le désert rouge australien - avec son petit ami néo-zélandais de 31 ans nommé Tim Thomson. Vivant en Australie depuis presque deux ans, Tim exerce la profession d'enseignant. Le couple est accompagné dans son périple par Gordon Twaddle, un ami pâtissier de Tim, originaire également de Nouvelle-Zélande. Karen et Tim ont emmené dans leur expédition Tristie, leur chienne doberman de 9 mois. Le trio a ainsi prévu d'effectuer un circuit touristique de plus de 4 700 km entre Alice Springs, une ville reculée du Territoire du Nord (à mi-chemin entre Adelaïde et Darwin), Cairns, sur la côte du Queensland, et Melbourne, à l'extrémité sud du pays.

Le lundi 2 octobre 1978, les trois amis quittent ensemble Alice Springs à bord de leurs engins mécaniques. Karen et

Tim roulent sur une moto BMW 100 S rouge et or équipée d'un side-car servant à transporter leurs affaires et leur chienne. Gordon pilote, quant à lui, une Suzuki GS 750 bleue. Les motards prennent la direction du nord, sur la Stuart Highway, la seule route qui traverse l'Australie du nord au sud. Le premier soir, ils campent près du relais routier d'Aileron, à 134 km d'Alice Springs.

Le mardi 3 octobre 1978, Karen, Tim et Gordon reprennent la route et font plusieurs pauses dans des sites d'intérêt touristique, notamment Devil's Marbles - les Billes du Diable -, un site naturel connu du Territoire du Nord. Arrivés à hauteur de Warumungu, le trio sort de la Stuart Highway et file vers l'ouest sur la Barky Highway. Durant le trajet, ils sympathisent avec un autre motard qui se joint à eux. Tous les quatre passent la nuit vers Barry Caves, à mi-distance entre Warumungu et Mont Isa, une ville minière du nord-ouest du Queensland.

Le mercredi 4 octobre 1978, le groupe repart sur la Barky Highway et s'arrête dans l'après-midi au Moondarra Caravan Park, un camping à la sortie de Mont Isa. Probablement désireux de visiter les alentours, notamment le lac Moondarra, ils règlent deux nuits à l'accueil du camping. Le quatrième motard continue son chemin seul.

Le jeudi 5 octobre 1978, Karen, Tim et Gordon sont vus vivants pour la dernière fois au Moondarra Caravan Park. Ensuite, ils disparaissent avec leurs motos et équipements…

Le vendredi 6 octobre 1978, Tristie, la chienne de Karen et Tim, est trouvée en train d'errer sans ses maîtres à la décharge de Mont Isa. Considéré comme abandonné, l'animal est capturé, puis euthanasié par les autorités. À vrai dire, personne ne se soucie vraiment des trois voyageurs à moto qui sont passés complètement en dessous du radar. Il faut dire que les motards sont matériellement injoignables. À la fin des années 1970, les téléphones portables restent à être inventés, tout comme les nouvelles technologies de l'information et de la communication.

Le 16 octobre 1978, Karen Edwards, Tim Thomson et Gordon Twaddle se sont volatilisés depuis onze jours quand un rebondissement survient. La moto Suzuki GS 750 de Gordon est retrouvée abandonnée à Mont Isa. Son propriétaire se révèle, lui, introuvable. Son sort, comme celui du couple qu'il accompagnait, demeure inconnu. Mais un début de réponse va enfin être apporté une semaine plus tard près de Spear Creek, une zone de bush à 12 km au nord de Mont Isa…

Le matin du 24 octobre 1978, Stan Harris et sa compagne Kirsten Streicher font une trouvaille macabre alors qu'ils promènent leurs lévriers à Spear Creek : le corps sans vie d'une jeune femme repose dans le lit asséché d'une rivière. Affalée contre un tronc d'arbre, elle a reçu une balle dans la tête. Étant donné que la victime a été trouvée sans ses papiers, son identité reste indéterminée. La police est prévenue et des officiers arrivent sur la scène de crime. L'examen des lieux et la disposition du corps donnent l'impression que la jeune femme a été chassée comme du gibier. C'est comme si elle avait été poursuivie dans le bush avant d'être abattue.

Les forces de l'ordre entreprennent de fouiller plus largement le secteur, en quête d'indices. Seulement, un drame se produit. Un hélicoptère affecté aux recherches se crashe sur le site et plusieurs inspecteurs sont blessés.

Le lendemain, le 25 octobre 1978, les battues reprennent et deux autres cadavres, masculins cette fois, sont découverts à Spear Creek. Encore une fois, on dirait qu'ils ont perdu la vie en tentant d'échapper à un poursuivant. Fait étonnant : le responsable de la tuerie n'a pas cherché à dissimuler les corps. Il les a laissés se décomposer en plein soleil, néanmoins, il a emporté les portefeuilles des deux hommes. Eux aussi sont décédés des suites de blessures par balle à la tête. Les analyses balistiques attestent que tous les projectiles ont été tirés avec une carabine calibre .22.

Au départ, les enquêteurs envisagent que les trois victimes de Spear Creek sont des auto-stoppeurs ayant rencontré un destin tragique dans l'arrière-pays australien, cependant, ils vont faire le lien avec la disparition de Gordon Twaddle, dont la moto avait été retrouvée à Mont Isa à la mi-octobre. Et il est établi que Twaddle voyageait en compagnie d'un homme et d'une femme, nommés respectivement Tim Thomson et Karen Edwards.

Le 30 octobre 1978, cette hypothèse se confirme parce que des biens appartenant aux trois motards sont ramassés à la décharge de Mont Isa, l'endroit où Tristie, la chienne du couple, avait été localisée. De plus, le père de Karen Edwards s'est manifesté auprès des autorités après avoir identifié la montre de sa fille sur une photo publiée dans la presse.

Les investigations de la police permettent de déterminer que, le mercredi 4 octobre 1978, Karen, Tim et Gordon ont fait étape au Moondarra Caravan Park. Et que le lendemain, le jeudi 5 octobre 1978, des témoins les ont vus dans le camping avec un homme barbu. Les trois amis seraient même montés à bord du véhicule de ce dernier : un Toyota Land Cruiser marron et blanc. Le mystérieux conducteur du Land Cruiser devient rapidement un suspect aux yeux de la police, mais il ne sera jamais identifié ni retrouvé. Dans le cadre de l'enquête, les policiers interrogent de nombreux habitants de Mont Isa et suspectent notamment un jeune homme de 22 ans nommé Bruce John Preston. Et ce, pour une bonne raison : ce mécanicien au chômage a été surpris en possession de la moto BMW 100 S de Tim Thomson.

Preston explique qu'il a trouvé la moto et prétend n'avoir rien à voir avec le triple homicide, vu qu'il n'était pas à Mont Isa à cette période. Reconnu coupable du vol du véhicule, il sera simplement condamné à une amende de 300 $.

Au fil des semaines, l'enquête commence à piétiner. Personne n'est inculpé, faute de preuves solides. Connue sous le nom des meurtres de Spear Creek, ou meurtres de Mont Isa, l'affaire restera non élucidée et deviendra ce que l'on appelle communément un *« cold case »* pendant quatre décennies.

En 2018, le dossier de la tuerie de Spear Creek a pris la poussière depuis longtemps dans les archives de la police de Mont Isa, quand l'équipe d'enquête sur les cas d'homicides non résolus de la police du Queensland décide de se pencher dessus. Les inspecteurs réexaminent notamment avec un œil nouveau tous les témoignages recueillis en 1978.

En mars 2019, un nouvel appel à témoins est lancé par les pouvoirs publics pour recueillir de nouvelles informations relatives à l'affaire. Une récompense de 250 000 dollars est promise en échange d'un tuyau permettant de solutionner l'énigme. À Mont Isa, certains en savaient plus qu'ils ne voulaient bien le dire et des gens se manifestent, si bien que les agents étudient une cinquantaine de pistes, nouvelles comme anciennes. Ils s'intéressent un temps à un certain Ivan Milat - dont nous aurons l'occasion de parler ultérieurement dans le présent livre - avant de se focaliser sur un autre suspect, déjà connu en 1978 : Bruce John Preston. Désormais tranquille retraité de 63 ans, Preston est effectivement celui qui avait dérobé la moto BMW de Tim Thomson, l'une des victimes. Et, suite au nouvel appel à témoins, des habitants se sont rappelé avoir vu Preston à Mont Isa avec les victimes, qu'il connaissait apparemment, avant le 5 octobre 1978, jour de leur disparition. C'est peut-être dû au fait que Thomson et Twaddle avaient travaillé autour d'Alice Springs les mois précédant leur mort. Autre élément à charge, Preston s'est contredit. Selon un article du *Brisbane Times* en date du 31 janvier 2020, Preston avait certifié en 1978 être absent de Mont Isa au moment du triple assassinat. Mais, en 2019, il a déclaré le contraire. Enfin, un dernier indice, de taille, ne fait qu'accroître encore un peu les soupçons à son encontre : le père de Preston possédait à l'époque un Toyota Land Cruiser marron et blanc, un véhicule similaire à celui du suspect numéro un.

Le vendredi 12 avril 2019, Bruce John Preston est arrêté pour trois chefs d'accusation de meurtre à Goulburn, Nouvelle-Galles du Sud, où il vit depuis de nombreuses années. Preston nie fermement les faits qui lui sont reprochés. Il faut reconnaître qu'il n'existe aucune preuve directe contre lui et que rien n'indique qu'il était barbu en septembre 1978. Quoi qu'il en soit, le faisceau d'indices contre Preston s'avère large. Et, bien que les motivations du tueur demeurent obscures, les policiers du Queensland sont convaincus de tenir leur homme et d'avoir, par la même occasion, rempli leur devoir.

Commentaires et analyses

Démarrer le présent livre avec cette ancienne affaire est logique puisque le site d'information australien 9news.com a lui-même qualifié ces faits remontant à 1978 de « meurtres réels de *Wolf Creek* ».

Placé en détention en 2019, Preston a finalement été libéré sous caution le 31 janvier 2020 dans l'attente de son procès, dont la date n'est toujours pas connue. D'ici l'audience, le sexagénaire a dû rendre son passeport, pour éviter toute fuite à l'étranger. Tenu de respecter un couvre-feu, il a l'obligation de pointer trois fois par semaine au poste de police le plus proche de son domicile. Même si la justice du Queensland ne s'est toujours pas prononcée sur le fond du dossier, une condamnation de Bruce John Preston paraît probable, eu égard aux différents éléments incriminants contre lui. En dépit du fait que l'accusé clame son innocence et annonce qu'il fera appel de toute condamnation, il semblerait que l'affaire des meurtres de Spear Creek soit en passe d'être élucidée. On ne peut que s'en réjouir, car les *cold cases* ne sont que trop rarement résolus, quel que soit le pays.

Le plus ironique, c'est que Bruce John Preston a mené une longue carrière professionnelle dans le milieu carcéral. Il a été officier supérieur au centre correctionnel de Goulburn et travaillait même à Supermax, l'aile de sécurité maximale réservée aux détenus les plus dangereux. Plus surprenant encore, Preston était un agent exemplaire, au point que son employeur lui a décerné en 2002 une mention élogieuse pour sa « conduite courageuse ». Cherchait-il inconsciemment à se racheter de son passé criminel ? Preston risque bel et bien de retourner sur son ancien lieu de travail, mais il sera, cette fois, de l'autre côté des barreaux…

2.

LA TUERIE DU KIMBERLEY
TERRITOIRE DU NORD
1987

Les faits

Nous sommes le 8 juin 1987, à environ 500 km au sud-ouest de Darwin, la capitale de l'État du Territoire du Nord. Pour les Bullen, la fin des vacances approche. Ils profitent de leurs derniers jours dans la région avant de rentrer chez eux, en Australie-Occidentale. Tous deux septuagénaires, Marcus et Winifred Bullen sont à la retraite. Marcus a occupé le poste de maire adjoint de Fremantle. Lance, leur fils de 40 ans, et leur belle-fille Joan les ont accompagnés dans leur périple. Les Bullen voyagent à bord d'un break Mitsubishi Sigma. Se dirigeant vers l'ouest sur la Victoria Highway, ils s'arrêtent le soir au Wayside Inn et Caravan Park, un camping non loin du village de Timber Creek.

Le mardi 9 juin 1987, au matin, Marcus et Lance Bullen veulent pêcher au bord de la rivière Victoria, proche de Timber Creek. Ils quittent le Wayside Inn dans l'objectif de repérer un bon spot de pêche. Avant de partir avec le Mitsubishi Sigma, ils ont prévenu leurs épouses qu'ils reviendraient les chercher dans une heure. La journée s'écoule et Marcus et Lance ne réapparaissent pas. Inquiètes, Winifred et Joan finissent par alerter la police de Timber

Creek dans le courant de l'après-midi. Les agents de police vérifient alors les lieux de pêche populaires le long de la rivière Victoria, mais le soir, ils n'ont pas réussi à localiser Marcus et Lance Bullen.

Le mercredi 10 juin 1987, on est toujours sans nouvelles des deux pêcheurs. Les hommes de loi reprennent leurs recherches et font une trouvaille angoissante près d'une rive de la rivière Victoria, à environ 9 km du Wayside Inn : la carcasse brûlée du Mitsubishi Sigma des Bullen. Les enquêteurs fouillent les alentours et repèrent de la terre fraîchement retournée. Il s'agit de deux tombes peu profondes contenant les cadavres dénudés de Marcus et Lance. L'affaire étant clairement criminelle, la police de Darwin prend le relais. Des enquêteurs sont transportés sur les lieux en avion.

Un médecin légiste dépêché sur place confirme rapidement que les Bullen ont été tués au moyen d'une arme à feu. Tandis qu'un hélicoptère et un avion prennent des photos aériennes du périmètre, les spécialistes en scènes de crime se mettent au travail et reconstituent les faits. Les taches de sang trouvées par terre indiquent que Marcus et Lance étaient allongés sur le ventre (ils y ont sûrement été obligés) avant de recevoir chacun une balle de calibre .223 dans le dos. Les projectiles ont même pénétré dans le sol en dessous d'eux. De toute évidence, les Bullen ont été exécutés près de leur véhicule avant d'être traînés jusqu'à l'endroit où ils ont été enterrés. Le mobile du crime reste cependant obscur. La seule chose sûre, c'est que le ou les tueurs ont essayé de camoufler le double meurtre. Le Mitsubishi Sigma, dont les plaques d'immatriculation ont été retirées, a été incendié pour détruire d'éventuels indices (on découvrira ensuite que les vêtements des victimes étaient à l'intérieur).

Durant les investigations sur le terrain, un incident survient. Un hélicoptère affrété par une chaîne de télévision s'approche trop près de la scène de crime et soulève un nuage de sable. Furieux, les policiers affirment avoir perdu des preuves médico-légales vitales, toutefois, les experts ont mis au jour deux indices potentiellement importants : une empreinte de semelle ondulée et une douille de calibre .223. Les policiers présument que le tueur l'a fait tomber en traînant l'un des corps.

Dans les jours qui suivent, l'enquête se poursuit. Les forces de l'ordre tentent d'identifier le ou les meurtriers des Bullen, seulement l'exercice est ardu, car les indices sont maigres. Dans le Territoire du Nord, la presse locale fait état du double homicide, néanmoins, la vie continue. À l'approche du week-end, beaucoup de gens ne sont probablement même pas au courant du fait divers et veulent profiter de la vie en plein air. C'est le cas de Phillip Walkemeyer et de sa fiancée Julie Warren. Vivant à Kununurra, une ville d'Australie-Occidentale, à 250 km à l'ouest de Timber Creek, ils ont pour projet de partir pêcher dans la région. Terry Bolt, un ami de Phillip, qui travaille comme lui dans le secteur de l'aviation civile à Kununurra, les accompagne.

Le samedi 13 juin 1987, Phillip, Julie et Terry partent tous les trois à bord du Toyota Land Cruiser du couple qui tracte un bateau. Ils établissent leur campement près de l'aire de pique-nique de Pentecost River Crossing, à 131 km au sud-ouest de Kununurra, où ils sont rejoints par David MacKenzie et Daniel Roe, deux autres collègues de Phillip. Le groupe pêche ensemble au bord de la rivière Pentecôte, puis va se coucher peu avant minuit.

Le dimanche 14 juin 1987, MacKenzie et Roe rentrent à Kununurra après le petit-déjeuner. Phillip, Julie et Terry ont prévu, eux, de rester encore un peu pour pêcher. Deux autres campeurs – Desmond Murphy et Branko Mijovic – pêchent également, à une cinquantaine de mètres d'eux. En fin de matinée, Murphy et Mijovic quittent l'endroit et, la dernière fois qu'ils voient Phillip et Terry, ces derniers sont en train de boire tranquillement des bières, assis sur des chaises pliantes, près de leur Land Cruiser. En repartant, Murphy note un véhicule garé dans le lit asséché d'un ruisseau. Il s'agit d'un utilitaire Toyota blanc avec un auvent à l'arrière. Signe caractéristique : il présente des lignes rectangulaires rougeâtres sur les flancs. En outre, il porte des plaques d'immatriculation vertes et blanches, semblables à celles de l'État du Queensland.

Le même jour, vers 16 heures, un *road train* circulant sur la Gibb River-Wyndham Road passe à proximité de Pentecost River Crossing. En Australie, les *road trains* (ou trains routiers) sont de véritables monstres de l'asphalte. D'une longueur maximale de 53 mètres, ces énormes camions peuvent tracter jusqu'à six remorques. Ils permettent le transport de marchandises sur de longues distances à travers l'Outback. À hauteur de Pentecost River Crossing, Frederick Pierce-Young, le chauffeur du *road train*, aperçoit une colonne de fumée noire provenant d'un ravin proche de l'aire de pique-nique. Vu sa couleur, Pierce-Young songe à un feu de carburant. La Gibb River-Wyndham Road est peu fréquentée ce jour-là, mais le routier est obligé de ralentir et de serrer sa gauche pour se laisser doubler par un Toyota 4Runner blanc avec des bandes rouges sur les côtés. Doté d'un auvent et de plaques du Queensland, c'est le même utilitaire que celui vu par Desmond Murphy quelques heures plus tôt. Observateur, Pierce-Young a le temps de voir le conducteur - un homme de petite taille - et même ce qui ressemble à du matériel de camping à l'arrière.

Le lundi 15 juin 1987, Phillip Walkemeyer et Terry Bolt ne se présentent pas sur leur lieu de travail à Kununurra (il en va de même pour Julie Warren). Un peu surpris, leur collègue David MacKenzie, qui était en leur compagnie la veille, se rend compte qu'ils sont aussi absents de leur domicile.

Soucieux, MacKenzie retourne à Pentecost River Crossing, à l'endroit où ils avaient campé, et constate qu'il n'y a personne. Inspectant le périmètre, il trouve l'épave incendiée du Land Cruiser de Phillip Walkemeyer dans un ravin entouré de broussailles brûlées. MacKenzie localise aussi le bateau de Phillip, abandonné de l'autre côté de la rivière Pentecôte. Plus de doute possible : un évènement tragique est arrivé. Reste à savoir lequel. MacKenzie prévient la police de Wyndham, la bourgade la plus proche. Des officiers arrivent bientôt sur le site et relèvent la présence de petites taches de sang sur le sol. Ils procèdent alors à une fouille approfondie des environs et, peu après 16 heures, retrouvent le corps sans vie de Julie Warren. Nue et face contre terre, elle repose sur une berge de la rivière, à 500 mètres du campement. La jeune femme a été tuée d'une balle de calibre .223 tirée dans le dos. La police d'Australie-Occidentale ouvre aussitôt une enquête pour meurtre et des barrages routiers sont établis dans les régions de Kimberley, Pilbara ainsi que dans le district de la rivière Victoria, en Territoire du Nord. À la nuit tombée, Walkemeyer et Bolt n'ont toujours pas été localisés à Pentecost River Crossing, et les agents de police suspendent leurs recherches jusqu'au lendemain.

Le mardi 16 juin 1987, les battues reprennent à la première heure près du campement. Vers 7 h 45, les forces de l'ordre repêchent un cadavre nu dans la rivière Pentecôte : c'est celui de Phillip Walkemeyer. Il a de multiples blessures : une sur le côté droit de la tête, deux dans le dos et une à l'épaule droite. Vers 9 h 30, le corps dénudé de Terry Bolt est localisé à quelques kilomètres sur une rive de la rivière. Par ailleurs, les enquêteurs ramassent cinq douilles de calibre .223 sur la scène de crime et relèvent une empreinte de semelle ondulée similaire à celle trouvée six jours plus tôt dans le cadre des meurtres des Bullen, près de Timber Creek. Selon toute vraisemblance, il s'agit du même tueur. Les policiers privilégient la thèse du loup solitaire. En effet, à la suite de la médiatisation de l'affaire, plusieurs témoins oculaires se sont manifestés pour signaler le mystérieux Toyota 4Runner blanc à bandes rouges observé dans le secteur le dimanche précédent. Et, d'après Frederick Pierce-Young, le routier, il n'y avait qu'une seule personne à son bord.

À partir des constations faites sur place (herbe aplatie, traces, etc.), les policiers reconstituent le déroulement des faits. Le tueur a apparemment espionné le campement de ses futures victimes avant de ramper dans leur direction à travers les herbes hautes. À une centaine de mètres d'elles, il s'est relevé et a abattu les trois campeurs avec sa carabine calibre .223. Il a ensuite déshabillé ses victimes et a mis leurs corps à l'eau, peut-être pour que les crocodiles se chargent de les faire disparaître. Le Kimberley est le territoire des redoutables « crocs » australiens. Vu qu'on n'a pas récupéré les vêtements des trois victimes, les policiers supposent que le tueur les a fait brûler avec le Land Cruiser.

Consciente qu'un homme armé et dangereux rôde dans la région, la police criminelle d'Australie-Occidentale, en charge de l'affaire, bénéficie du soutien du Tactical Response Group (TRG), le groupe d'intervention tactique de la police. Le 16 juin 1987, sept membres lourdement armés du TRG arrivent en avion à Kununurra. Les enquêteurs cherchent à identifier au plus vite le conducteur du Toyota 4Runner observé par plusieurs témoins près du lieu des crimes. Ils réclament la liste de tous les propriétaires de ce type de véhicule au niveau national. Des vérifications sont aussi entreprises pour savoir si certains d'entre eux n'auraient pas fait l'objet d'un vol.

Le jeudi 18 juin 1987, les policiers reçoivent une information à laquelle ils prêtent une grande attention. L'agence de location de voiture Avis de l'aéroport de Brisbane leur signale qu'un client ne leur a pas rendu un véhicule Toyota blanc à rayures rouges immatriculé QLD 338-PNZ, dans le Queensland, qu'il avait loué le 22 avril 1987. Plus bizarre encore, le client, un touriste allemand nommé Josef Schwab, ne les a pas prévenus du retard. Des policiers d'Australie-Occidentale se renseignent auprès des services de l'immigration pour obtenir des renseignements sur Schwab. Sa description ainsi que celle du véhicule sont diffusées auprès des membres des forces de l'ordre, mais comment retrouver le suspect au sein d'un immense territoire ? Le temps presse car le tireur fou a déjà tué cinq touristes et pêcheurs au hasard. Et il va certainement recommencer.

Contre tout attente, c'est un civil, Peter Leutenegger, qui va aider à faire avancer l'enquête. Leutenegger travaille comme pilote d'hélicoptère privé dans le Kimberley. Tandis qu'il vole au-dessus d'une zone reculée de la station bovine Jubilee Downs, le jeudi 18 juin 1987, Leutenegger repère au sol un véhicule caché sous un filet de camouflage dans le bush. Étant au courant que la police recherche activement un suspect dans la région pour les meurtres de Pentecost River Crossing, Leutenegger se rend par la voie des airs jusqu'à Fitzroy Crossing, un village du Kimberley, pour prévenir les autorités. Il atterrit près du poste de police et indique aux officiers le lieu approximatif de l'observation, à 15 km au nord-ouest de Fitzroy Crossing. Le témoignage de Leutenegger est pris au sérieux. Le groupe d'intervention tactique de la police d'Australie-Occidentale (TRG) est transporté en avion jusqu'à Fitzroy Crossing, avec pour mission de vérifier le véhicule louche. La prudence s'impose malgré tout, parce qu'il peut très bien appartenir à un touriste n'ayant rien à voir avec les tueries récentes.

Le 19 juin 1987, en fin de matinée, le groupe d'intervention tactique, équipé de tenues camouflées et de fusils d'assaut M16, passe à l'action. Menés par le sergent Bill Matson, les sept membres du TRG s'approchent discrètement à pied du véhicule dissimulé dans les broussailles. Il correspond bien à celui recherché : un Toyota 4Runner blanc avec des bandes rouges sur les flancs. Il semblerait que quelqu'un ait établi un petit campement sur place. Mais, alors qu'ils ne sont plus qu'à 50 mètres de leur cible, un évènement imprévu survient : un petit avion Cessna 182 de la police survole la zone à basse altitude. Un individu torse nu et portant un pantalon de treillis militaire - identifié comme Josef Schwab, le touriste allemand – fait brusquement son apparition et ouvre le feu sur l'appareil avec un fusil à lunette semi-automatique Sako calibre .308. Essuyant des tirs, le pilote du Cessna 182 effectue une manœuvre de dégagement en catastrophe. Touché par des projectiles, il réussira à se mettre en sécurité.

Au sol, le sergent Bill Matson, leader du TRG, s'adresse directement à Schwab. Après s'être présenté comme étant un policier, il lui enjoint d'arrêter de tirer. La réponse est immédiate : Matson et son équipe sont la cible d'un feu nourri. Le sergent autorise immédiatement ses hommes à riposter. Plusieurs membres du groupe d'intervention mitraillent le forcené. Une balle brise la crosse du fusil de Schwab et lui arrache le pouce gauche. Le fusil Sako calibre .308 étant hors service, l'Allemand se saisit d'un fusil semi-automatique Ruger Mini-14 calibre .223 et tente de s'enfuir. Les policiers jettent sur le véhicule et le campement des grenades lacrymogènes qui créent un rideau de fumée. Effet indésirable, elles mettent le feu aux herbes sèches. Les policiers progressent ensuite sous un feu de couverture dans la direction générale prise par Schwab. Ils se font canarder par le forcené, qui se cache derrière des rochers ou des arbres. Schwab utilise une tactique militaire consistant à s'arrêter régulièrement pour tirer sur ses poursuivants. Ed Trindall, l'un des membres du TRG, a beaucoup de chance. Une balle tirée par Schwab traverse la poche sur la manche droite de sa veste. Quelques centimètres plus à gauche et il était mort. Sur le terrain, une certaine confusion règne. La police tente vainement de repérer le fugitif à travers la fumée et le gaz. Le campement est désormais la proie des flammes. L'incendie déclenché par les bombes lacrymogènes menace même le véhicule Toyota. Tout à coup, une déflagration retentit. C'est une partie des munitions entassées sous un buisson par Schwab qui vient d'exploser. Personne n'est blessé, heureusement. Un policier fait acte de bravoure et déplace le Toyota pour éviter qu'il n'explose à son tour.

Pendant ce temps, on a perdu la trace de Josef Schwab. Il a peut-être profité du chaos créé par l'incendie pour fuir. Un avion de la police localise finalement le tireur fou. Elle transmet l'information à l'équipe au sol qui découvre alors le corps de Schwab, couché face contre terre. L'Allemand est mort après avoir reçu une balle dans le dos au cours de sa fuite. Le projectile lui a transpercé le cœur. On ne sait pas quel membre précis du TRG a effectué le tir fatal, mais l'essentiel est que le tueur du Kimberley ait été neutralisé. Par la suite, cette région isolée de l'ouest australien va retrouver son calme, mais l'affaire Josef Schwab laisse un goût d'inachevé. Car le mobile de sa croisade meurtrière dans l'Outback demeure inconnu. L'Allemand n'a pas pu être interrogé par les autorités judiciaires et n'a laissé aucun mot d'explication. Qui était exactement Josef Schwab ? Comment expliquer le parcours sanglant de ce touriste européen ? Serait-il devenu fou dans le désert australien ? Nous allons tenter d'apporter un peu de lumière dans la partie suivante.

Commentaires et analyses

En Australie, personne n'a oublié la folie meurtrière de Josef Schwab. Pour commencer, confirmons que l'Allemand est bien le responsable de la série de meurtres commis entre le 9 et le 14 juin 1987 en Territoire du Nord et Australie-Occidentale. Les modes opératoires étaient effectivement identiques (exécutions par balles, corps enterrés ou cachés dans la rivière, véhicules des victimes incendiés...). Les experts en balistique ont confirmé que c'est le fusil Ruger Mini-14 calibre .223 de Schwab qui a servi pour tous les crimes. En plus des preuves médico-légales, de nombreux indices matériels ont permis de relier l'Allemand aux tueries du Kimberley. On a, par exemple, retrouvé des biens appartenant aux victimes (cartes de crédit, chéquiers et matériel de pêche) dans son véhicule de location. Par ailleurs, les empreintes de semelles ondulées prélevées sur les scènes de crime correspondaient à celles de Schwab. Idem pour les traces de roues trouvées sur place. Elles concordaient avec celles de son Toyota 4Runner.

Josef Schwab est décédé le 19 juin 1987 en tentant d'échapper à la justice. Il faut dire qu'il encourait la prison à vie. Tentons de brosser le portrait de cet homme que rien ne prédestinait à faire la une des faits divers.

Né le 25 novembre 1960 à Starnberg, en Allemagne de l'Ouest, Josef Thomas Schwab connaît une enfance sans histoire. Ceux qui le côtoient le considèrent comme un garçon poli, toujours prêt à aider et plutôt timide. D'un tempérament solitaire, Schwab s'est découvert à quinze ans une passion pour les armes à feu. À cette période, il commence à fréquenter un club de tir. En juin 1981, le jeune homme de 21 ans effectue son premier voyage en Australie. Il s'installe à Adélaïde, où il travaille comme ébéniste. Durant son temps libre, il chasse les cochons sauvages dans l'arrière-pays d'Australie-Méridionale. Schwab apprécie son séjour « *down under* », mais trois ans plus tard, il rentre en Allemagne (en mai 1984). En 1985, il se fait embaucher comme veilleur de nuit. Dans le cadre de son emploi, il suit une formation au tir de combat avec des armes de poing. Schwab commet plusieurs délits (vol dans un restaurant, entrée par effraction dans un appartement) pour lesquels il passe devant le tribunal. C'est possiblement pour cette raison qu'il décide de retourner en Australie en avril 1987. Notons que, selon son médecin de famille, Schwab ne présente pas de problèmes mentaux à l'époque.

Le 16 avril 1987, Schwab prend un vol international depuis Francfort vers l'Australie. Après une escale à Bangkok, il débarque le 18 avril 1987 à Brisbane (État du Queensland) où il descend dans un hôtel. Les jours suivants, Schwab se rend dans trois banques locales - ANZ Bank, Wespac Bank et Commonwealth Bank of Australia - pour retirer 6 396 dollars australiens en liquide. Le voyageur allemand commet à cette occasion une fraude. Venu en Australie avec une somme de 5 400 dollars en chèques de voyage, il prétend en avoir perdu une partie, ce qui lui permet de récupérer 1 000 dollars supplémentaires.

Le 22 avril 1987, Schwab loue à l'agence Avis de l'aéroport de Brisbane un véhicule Toyota immatriculé QLD 338-PNZ. Il donne au loueur son vrai nom, mais indique une fausse adresse à Munich, en Allemagne.

Le 23 avril 1987, Schwab se rend dans une armurerie de Woolloongabba, un quartier du sud-est de Brisbane. Il verse un acompte pour acheter quatre armes à feu : un fusil Ruger Mini 14 semi-automatique calibre .223, un fusil à verrou Sako « Forester Hunter » calibre .308, un fusil à verrou Brno calibre .22 et un fusil à pompe Winchester calibre 12.

Le 24 avril 1987, Schwab retourne à l'armurerie et, après avoir payé le solde des sommes dues, il prend possession des quatre fusils et achète, en plus, près de 3 000 cartouches. Schwab quitte ensuite Brisbane avec son stock d'armes et de munitions. Il prend la route à bord de son Toyota 4Runner. On ignore les faits et gestes exacts de l'Allemand, toutefois, quelques indices permettent de reconstituer son parcours.

Le 6 mai 1987, il fait le plein d'essence à Diamantina, une ville du Queensland, à 1 977 km à l'ouest (et 21 heures de route) de Brisbane.

Le 9 mai 1987, il passe à Mount Isa, à 565 km au nord de Diamantina, comme l'atteste un ticket de parking.

Le 20 mai 1987, Schwab est à Darwin, située à la pointe nord du *Top End.* Dans la capitale du Territoire du Nord, il fait réparer l'avant de son 4Runner dans une station-service BP. Durant son séjour en Australie, il envoie au moins quatre cartes postales à sa mère Johanna en Allemagne. Cette dernière ne remarque rien d'anormal. Josef Schwab envoie sa dernière carte depuis Darwin. « J'ai hâte de voir quelque chose. », écrit-il.

Fin mai et début juin 1987, Schwab chasse dans les Carmor Plains, une région sauvage à 173 kilomètres à l'est de Darwin. D'une surface totale de 24 000 ha, les Carmor Plains sont des plaines inondables peuplées d'environ 2 500 buffles. Il est certain qu'il a chassé des animaux sauvages dans le secteur parce qu'une dizaine de paires de cornes de buffle ont été retrouvées dans son véhicule après son décès. De plus, des locaux ont noté à cette période une recrudescence du nombre de bêtes abattues. Détail particulier : leurs cornes avaient été à chaque fois enlevées. Le témoignage qui va suivre renforce l'idée que l'Allemand est bien l'auteur du massacre des buffles. Le 4 juin 1987, une femme du coin nommée Barbara Robertson repère un véhicule louche près de Stuart Point et son numéro de plaque - QLD 338-PNZ – correspond à celui de Schwab.

Le 9 juin 1987, le jour des meurtres de la famille Bullen, Schwab est aperçu au Wayside Inn et Caravan Park, non loin de Timber Creek, à 600 km au sud de Darwin. Le témoin oculaire, Helen Anderson, n'est rien de moins que la propriétaire de l'établissement. Vous connaissez la suite. Huit jours plus tard, l'Allemand est mis hors d'état de nuire par le groupe d'intervention tactique de la police (TRG).

Seul avec lui-même dans un territoire presque aussi grand que la Suède, Josef Schwab a-t-il cédé à ses démons intérieurs ? Même s'il n'avait pas d'antécédent psychiatrique, on peut raisonnablement douter de sa santé mentale. Après avoir massacré des buffles, il aurait décidé de s'en prendre à des proies humaines pour des raisons qui lui appartiennent. Il a tué de sang-froid cinq parfaits inconnus et allait vraisemblablement continuer. Des policiers croient que, le 17 juin 1987, Schwab comptait se rendre à Fitzroy où devait être organisé un rodéo attirant un large public. En tant qu'ancien membre du TRG ayant participé au dénouement de l'affaire, Bob Brown en est encore convaincu aujourd'hui. « Il allait tuer plus de gens. C'est ce qu'il allait faire. Je n'en ai aucun doute. » a déclaré Brown en 2017 au journal *West Australian.* « Il était fou et vous ne pouvez pas prédire ce qu'un fou va faire, à part le fait qu'il va tuer à nouveau. »

3.

LES BACKPACKER MURDERS NOUVELLE-GALLES DU SUD 1992

Les faits

Nous sommes en décembre 1989 à Frankston, une petite ville dans la banlieue de Melbourne, dans l'État du Victoria. Âgé de 19 ans, James Gibson a l'âme d'un artiste. Il doit intégrer sous peu une prestigieuse école de sculpture. En fin d'année, l'été bat son plein en Australie. En effet, les saisons sont inversées dans l'hémisphère sud. Investi dans la cause environnementale, James a envie de participer au ConFest, un festival alternatif fréquenté par des militants écolos et des ex-hippies. Cracheurs de feu et gâteaux végétariens sont au programme. Quelques jours avant le début du festival, James propose à sa copine Deborah de l'accompagner.

À 19 ans, Deborah Everist sait déjà qu'elle veut devenir journaliste. Issue d'un milieu plus bourgeois que James, elle apprécie moyennement les ambiances baba cool et n'est pas très emballée par la proposition de son petit ami. Mais Patricia, sa mère, l'encourage à y aller pour se changer les idées. Deborah traverse effectivement à l'époque une période difficile. Son père souffre d'un cancer. La jeune femme se laisse convaincre par sa mère et accepte d'accompagner James. Plus tard, Patricia Everist regrettera cruellement d'avoir donné ce conseil à sa fille.

Fin décembre 1989, James et Deborah partent donc ensemble en direction d'Albury, où se tient le ConFest. Albury est une ville de Nouvelle-Galles du Sud, à 375 km au nord-est de Frankston. Le couple compte voyager en auto-stop sur la Hume Highway, l'autoroute qui relie Melbourne à Sydney. À partir de là, James et Deborah disparaissent de la surface de la terre. Et ils ne donnent plus aucun signe de vie. C'est d'autant plus anormal que, adorant écrire, Deborah avait promis d'envoyer une carte postale à sa mère. Celle-ci alerte les autorités, mais l'enquête de police ne donnera rien, faute de piste. Personne ne se souvient d'avoir vu James et Deborah au ConFest. Comme souvent dans ce genre d'affaires, les familles des disparus vont poursuivre seules les recherches. Peggy Gibson, la mère de James, placarde des affichettes dans les aires de repos le long de la Hume Highway. Mais ses efforts ne produiront malheureusement aucun résultat.

Un an s'écoule. En janvier 1991, Simone Schmidl, une Allemande de 21 ans, profite des paysages à couper le souffle de l'Australie. Originaire de la ville de Ratisbonne, « Simi », comme la surnomment ses amis, est aventureuse. Adepte du camping, elle voyage avec pour seul bagage son sac à dos. Le 20 janvier 1991, Mme Schmidl, la mère de Simi, débarque à l'aéroport de Melbourne pour rejoindre sa fille. Seulement, Simone n'est pas au rendez-vous comme prévu. N'arrivant pas à la contacter, Mme Schmidl alerte la police australienne. Grâce à leurs investigations, les policiers découvrent que Simone a été aperçue pour la dernière fois en train de faire du stop près de Liverpool, une ville de la banlieue sud-ouest de Sydney. Mais l'enquête va rapidement s'enliser et les coordonnées de Simone Schmidl vont être rentrées dans le fichier des personnes portées disparues.

Onze mois plus tard, un autre évènement angoissant va survenir. Le 26 décembre 1991, Gabor Neugebauer et Anja

Habschied, deux touristes allemands de 21 et 20 ans, quittent leur hôtel de Kings Cross, un quartier animé du centre-ville de Sydney. Le couple a une longue route à faire puisqu'il veut se rendre à Darwin, en Territoire du Nord, à près de 3 942 km. Les deux amoureux vont, eux aussi, se volatiliser. Les hommes de loi seront, une nouvelle fois, impuissants à les localiser. Très inquiet, Manfred Neugebauer, le père de Gabor, se rend sur place et s'investit totalement pour retrouver la trace des disparus. Il parcourt des milliers de kilomètres à bord d'un camping-car et embauche un enquêteur privé. En vain. Désespéré, il consulte même une voyante de Sydney qui lui déclare juste « voir des bois. »

Seize mois passent et nous sommes maintenant début 1992. Avant de poursuivre, il faut savoir que, chaque année, plus de 100 000 jeunes gens venus des quatre coins du monde explorent l'Australie sac au dos. Compte tenu de leur budget réduit, ces *backpackers*, comme on les appelle, campent ou dorment dans des auberges de jeunesse. Ils font aussi, en général, des petits boulots dans le cadre d'un visa vacances-travail (VVT), afin de financer leur voyage. Et c'est exactement le cas en avril 1992 de Caroline Clarke et Joanne Walters.

Originaire du Surey, un comté du sud-ouest de Londres, Caroline Clarke est une Anglaise de 21 ans. Issue d'un milieu aisé (son père, Ian, occupe un poste important à la Banque d'Angleterre), Caroline a pour vocation de devenir policière. Vu qu'on lui a conseillé d'acquérir d'abord de l'expérience, Caroline a décidé de partir en Australie, pays qui la fascine tant. Elle a prévu de se déplacer en auto-stop pour faire des économies et aussi rencontrer la population locale. Et ce, malgré les réticences de ses parents. Fille de caractère, Caroline leur a néanmoins promis qu'elle n'en ferait jamais seule.

En Australie, Caroline s'est liée d'amitié avec une autre voyageuse britannique nommée Joanne Walters. Âgée de 22 ans, Joanne a grandi à Maesteg, au pays de Galles. D'origine modeste, Joanne adore les enfants et les voyages. Attirée par le continent australien, la Galloise a concilié ses deux passions en se faisant embaucher comme fille au pair chez un médecin d'un quartier huppé de Sydney. Depuis qu'elles ont ramassé du raisin ensemble à Mildura, dans le Victoria, Caroline et Joanne sont inséparables. À la mi-avril 1992, les deux Britanniques, qui sont à Sydney, ont pour projet de faire un road trip : rallier Melbourne et parcourir la Great Ocean Road, une route côtière de l'État du Victoria célèbre pour ses panoramas magnifiques.

Le samedi 18 avril 1992, les deux copines quittent donc leur hôtel bon marché de Kings Cross avec tente et matériel de camping. Leur plan est de prendre le train jusqu'à Liverpool, au sud-ouest de Sydney, puis de rejoindre à pied la Hume Highway pour faire du stop jusqu'à Melbourne.

Les jours et les semaines défilent. Caroline et Joanne ne donnent plus aucune nouvelle à leurs familles en Grande-Bretagne. Ian Clarke pense que sa fille a trouvé un job dans une zone reculée du bush, sans téléphone. Il faut se replacer dans le contexte de l'époque : en 1992, Internet et les portables n'existent pas. Le monde n'est pas aussi connecté qu'aujourd'hui. Ray Walters, le père de Joanne, s'inquiète vraiment quand elle ne l'appelle pas pour lui souhaiter la fête des pères, en juin 1992. Ce silence ne lui ressemble pas. Les deux familles se résolvent à aller en Australie. Elles préviennent la police et les médias locaux, mais cela ne donnera rien.

À la fin de l'été 1992, les autorités australiennes semblent impuissantes à résoudre ces sept affaires de disparition, mais un rebondissement va survenir dans un lieu inattendu : la forêt d'État de Belanglo, à une heure de route au sud-ouest de Sydney, en Nouvelle-Galles du Sud. D'une surface totale de 3 800 hectares, la forêt de Belanglo est couverte de plantations commerciales de pins et d'eucalyptus. Bordée par le bush, la forêt native australienne, l'endroit est apprécié des chasseurs et des sportifs.

Le samedi 19 septembre 1992 après-midi, deux Australiens s'entraînent à la course d'orientation dans une partie isolée de la forêt de Belanglo nommée Executionners Drop. Tandis qu'ils progressent sur un terrain accidenté, non loin d'une allée pare-feu, une odeur fétide les stoppe net. « Sûrement un cadavre de kangourou », se disent-ils. Derrière un gros rocher, ils remarquent par terre une touffe de poils, camouflée sous un matelas de branches et de feuilles. Seulement, ils réalisent bien vite qu'il ne s'agit pas de la fourrure d'un animal, mais de cheveux humains. Ceux d'une femme en décomposition. Immédiatement alertée de la découverte, la police de Bowral - une petite ville proche - investit les lieux. Elle est rejointe à la nuit tombée par des experts de la police scientifique. En effet, les premières constatations font apparaître que la femme a fait l'objet d'un acte criminel. Des inspecteurs de la police de Nouvelle-Galles du Sud prennent en charge l'affaire. En arrivant sur place, ils sont frappés par l'isolement et la laideur des lieux. Executionners Drop, qui signifie littéralement « Chute des bourreaux », n'est pas vraiment un endroit où l'on a envie de venir faire un pique-nique.

Grâce à des bijoux, le corps féminin est identifié bien avant que l'odontologiste ne compare sa mâchoire avec son dossier dentaire. Il s'agit de Joanne Walters, la voyageuse du Pays de Galles qui avait disparu sans laisser de trace cinq mois plus tôt. Dès lors, on craint le pire pour Caroline Clarke, l'Anglaise qui voyageait en sa compagnie.

Le dimanche 20 septembre 1992, les forces de l'ordre reprennent leurs recherches à la première heure. À trente mètres du gros rocher, près d'un arbre au tronc noirci, un agent aperçoit des chaussures de randonnée dépassant d'un lit de branchages. Le cadavre de Caroline Clarke est caché en dessous. À la suite de cette nouvelle trouvaille macabre, une enquête criminelle est officiellement ouverte. Personne n'imagine alors qu'elle sera la plus énorme de l'histoire australienne. L'affaire des *Backpacker Murders* vient de démarrer…

En quête d'indices, les enquêteurs scrutent les alentours des scènes de crime. La tâche s'avère complexe car les corps ont été trouvés dans un secteur sauvage, à la limite nord de la forêt de Belanglo. Entre les deux tombes, les policiers repèrent que la végétation a été piétinée et les herbes écrasées sur plusieurs mètres. Il s'agit certainement d'une zone de lutte. Sur son pourtour, ils ramassent six mégots de cigarette Longbeach (une marque australienne) ainsi qu'une douille de Winchester calibre .22. Quelques pierres autour d'un tas de cendres montrent que quelqu'un a fait du feu sur place. Un point chiffonne les hommes de loi : les affaires des victimes (notamment leur matériel de camping) restent introuvables. Le meurtrier les aurait-il emportées avec lui, comme « souvenirs », afin de revivre ses crimes chez lui ?

C'est au Dr Peter Bradhurst que revient la lourde tâche de procéder aux autopsies. Et, bien qu'expérimenté, le médecin légiste est choqué par la sauvagerie des meurtres. L'examen du corps de Joanne Walters révèle qu'elle a été ligotée, étranglée avec un bâillon et poignardée dans le dos et la poitrine avec un couteau de chasse Bowie (semblable à celui de Crocodile Dundee). Vu l'ampleur des blessures - poumons et aorte transpercés, deux côtes coupées - le Dr Bradhurst en déduit que le tueur est doté d'une grande force physique. Précision horrible : sur les quatorze coups de couteau recensés (ceux qui ont touché les os, le nombre total était certainement plus élevé), deux ont sectionné la moelle épinière au niveau de la nuque, paralysant la jeune femme.

Incapable de bouger, Joanne a vraisemblablement assisté impuissante à la mise à mort de son amie. L'absence de lésions de défense sur ses avant-bras et le lien noué autour de son cou renforcent l'idée qu'elle était totalement sous contrôle. Bien que l'état de dégradation de son cadavre ne permette pas de l'affirmer avec certitude, la Galloise a sans doute subi une agression sexuelle - avant ou après sa mort - car son soutien-gorge et son tee-shirt étaient relevés au-dessus de ses seins. En outre, la fermeture éclair de son jean était baissée et sa culotte a disparu. Et le légiste n'est pas au bout de ses surprises. Il découvre, enfermés dans la main de Joanne, onze cheveux ne lui appartenant pas. Ils sont envoyés à un laboratoire génétique à des fins d'expertise.

Quand vient le moment de déterminer les causes exactes de la mort de Caroline Clarke, le Dr Bradhurst est complètement dérouté. Car si Joanne a fait l'objet d'une attaque frénétique, une explosion de violence désordonnée, l'Anglaise a connu une fin radicalement différente. La vision de son cadavre glace d'effroi. Caroline a les mains attachées au-dessus de la tête dans une posture de supplication. Son crâne et son visage sont recouverts d'un sweat-shirt marron criblé d'impacts de balles. Aveuglée, Caroline a reçu dix projectiles tirés à bout touchant depuis trois directions différentes. La jeune femme était à genoux quand elle a reçu la première balle, ce qui fait penser à un rituel d'exécution. L'absence de l'os hyoïde, un petit os de la gorge, indique un possible étranglement. Par ailleurs, le légiste note que Caroline a aussi reçu un coup de couteau dans le dos. Pour finir, elle a pu subir une agression sexuelle parce que son soutien-gorge était déclipsé. Une fois encore, aucune blessure de défense n'est constatée. De toute évidence, il s'agit d'un meurtre très contrôlé.

Expert en balistique, le sergent Gerard Dutton récupère les balles extraites du crâne de Caroline à des fins d'analyse. Il faut rappeler que chaque fusil à canon rayé possède une signature unique. Le frottement des balles dans le canon laisse des micro-stries spécifiques et le percuteur imprime au culot des douilles des marques reconnaissables. Après avoir examiné les projectiles au microscope électronique, Dutton identifie l'arme du crime comme étant une carabine semi-automatique Ruger 10/22 équipée d'un silencieux (réducteur de bruit).

Vu la carabine et le couteau utilisés, les enquêteurs pensent avoir affaire à un chasseur qui possède un véhicule tout terrain pour circuler dans les bois, mais rien n'est sûr. La forêt de Belanglo, ouverte au public, est très fréquentée. Les membres du club de tir de Bowral et les scouts viennent, par exemple, s'y entraîner. Et si la piste locale est privilégiée, la police n'écarte pas non plus l'hypothèse d'un touriste psychopathe. La liste des suspects potentiels est donc longue. Pour « fermer des portes », comme on dit dans le jargon, la police de Nouvelle-Galles du Sud demande l'avis du Dr Rod Milton. Psychiatre de formation, Milton a l'habitude de dresser le profil psychologique des criminels, dans le but d'aider à leur arrestation.

Après avoir étudié les dossiers, le Dr Milton rend ses conclusions. Pour lui, il ne fait aucun doute que le tueur des deux Britanniques est familier des lieux. Il a choisi ce coin retiré de la forêt de Belanglo car il s'y sentait en confiance. La manière dont il a exécuté Caroline suggère qu'il a des fantasmes de bourreau ou de tueur à gages (cela expliquerait pourquoi il a utilisé un silencieux). Il a couvert la tête de la jeune femme pour la dépersonnaliser. Fait étonnant, la première balle était très certainement mortelle, mais il a tiré, encore et encore. Il a vidé tout son chargeur en repositionnant le canon sur le crâne de Caroline. C'est le signe d'une forte rage intérieure et d'une grande détermination. Le Dr Milton a l'intuition que l'auteur des meurtres occupe un emploi semi-qualifié et vit à la périphérie d'une ville. Il entretient à coup sûr une relation sentimentale instable ou insatisfaisante, et a des tendances homosexuelles, voire bisexuelles. Les mégots de cigarettes et le feu de camp découverts près des corps font deviner qu'il a passé beaucoup de temps avec ses victimes. Ces dernières ont été assassinées avec beaucoup plus de force que nécessaire. Il est évident que le tueur est un sadique. Et ce n'est pas terminé. Les deux armes et les modes opératoires différents amènent le psychiatre à croire que les tueurs étaient deux : un qui tire et l'autre qui poignarde. Un dominant, sûrement le plus âgé, obsédé par le contrôle, et un suiveur, plus impulsif, porté sur la boisson ou la drogue, et aux motivations sexuelles. Le coup de couteau unique dans le dos de Caroline trouve ainsi son explication : c'est comme si l'adepte de l'arme blanche avait voulu participer au crime de son complice. Pour le Dr Milton, le duo pourrait être formé par des frères, deux individus pas très sociables partageant un goût commun pour la chasse et les armes, et qui ont déjà été condamnés pour des crimes sexuels.

De son côté, un laboratoire génétique a expertisé les onze cheveux récupérés dans la main de Joanne Walters. Les techniciens ont même réussi à isoler un ADN mitochondrial. Il est important d'apporter quelques précisions. En général, quand on parle d'ADN, on fait référence à l'ADN nucléaire qui provient du noyau et contient la carte d'identité génétique d'une personne. Mais les cellules contiennent aussi des mitochondries ayant leur propre ADN : l'ADN mitochondrial, transmis par la mère. À la différence de l'ADN nucléaire qui est unique, l'ADN mitochondrial est partagé par tous les descendants d'une même femme. Bien qu'il ne permette pas d'identifier formellement le coupable d'un crime, cet ADN est souvent utilisé par la justice pour écarter des suspects.

Un an a passé. La couverture médiatique du double-meurtre de la forêt de Belanglo a diminué comme peau de chagrin. Les policiers de Nouvelle-Galles du Sud travaillent désormais sur d'autres affaires, plus urgentes. En l'absence de témoin, l'enquête est au point mort. Comme d'autres habitants de la région, Bruce Pryor a été choqué par ce fait divers. Potier et père de famille, Pryor connaît bien la forêt de Belanglo pour y ramasser du bois. Hanté depuis des mois par les meurtres des Britanniques, il arpente chaque semaine les bois pour trouver éventuellement de nouveaux indices.

Un jour d'octobre 1993, Pryor explore la forêt de Belanglo, comme il en a l'habitude. Il est en train de marcher dans une clairière rocailleuse, à environ 600 m des tombes de Caroline et Joanne, quand il tombe sur les restes d'un feu de camp. Tous les sens en alerte, il inspecte les alentours et aperçoit, par terre, un fémur et un crâne humain. La mâchoire cassée, le crâne présente des entailles ressemblant à des traces de couteau sur l'os frontal. Pryor réalise alors qu'il est au milieu d'une nouvelle scène de crime. Peu rassuré, il se dit que le tueur rôde peut-être encore dans les parages et va prévenir sur-le-champ la police. Un peu sceptiques au début, des agents font le déplacement dans la forêt de Belanglo, où ils découvrent deux squelettes humains incomplets dissimulés sous des branchages. La nouvelle se répand comme une traînée de poudre, attirant des journalistes sur place. Des examens dentaires permettent l'identification des restes humains comme étant ceux de James Gibson et Deborah Everist, le couple d'Australiens originaire de Frankston qui s'était évaporé quatre ans plus tôt, en décembre 1989.

Les autopsies indiquent que les victimes ont vécu l'enfer. Deborah Everist a été trouvée en position fœtale, les mains attachées aux chevilles dans le dos, grâce à un système de liens et de nœuds complexes. Il s'agit clairement d'une position de bondage, une pratique sadomasochiste consistant à attacher sa partenaire dans un but d'excitation sexuelle. Les causes de la mort sont multiples. Deborah a été battue avec un objet contondant (un morceau de bois ou une pierre).

Elle a deux fractures à la boite crânienne et une à la mâchoire. Son os frontal présente quatre marques causées par une lame. L'une d'elle évoque même un coup de sabre ou d'épée. Enfin, elle a été poignardée au moins une fois dans le dos, le coup ayant percé le cœur ou l'aorte.

En ce qui concerne James Gibson, il a lui aussi été massacré. Le légiste relève qu'il a une blessure à la colonne vertébrale comparable à celle de Joanne Walters. Tout porte à croire qu'elle a été infligée par la même personne. Le scénario exact du crime demeure inconnu, mais le pire se laisse deviner. James a vraisemblablement été attaqué en premier. Son agresseur l'a neutralisé en lui tranchant plusieurs vertèbres. Le jeune homme a-t-il été témoin du calvaire de sa petite amie, avant de se faire lui-même torturer et violer ? Un détail chiffonne cependant les policiers : comment expliquer qu'en février 1991, le sac à dos et l'appareil photo de James Gibson aient été découverts à Galston Gorge, dans la banlieue de Sydney, 154 km plus au nord ? Cette information intrigante a été révélée par le *Sydney Morning Herald*. Les effets personnels de James avaient été laissés bien en évidence, au bord d'une route. Le tueur aurait-il cherché à envoyer la police sur une fausse piste ?

Dans l'affaire des *Backpacker Murders*, les enquêteurs n'écartent aucune hypothèse. Ils suspectent tout le monde, y compris Bruce Pryor, le potier qui a découvert le jeune couple. Soumis à un interrogatoire, il sera blanchi de tout soupçon. C''est la moindre des choses car, grâce à Pryor, l'enquête est relancée avec la création d'une cellule d'investigation spéciale baptisée Task Force Air (TFA). Clive Small, un commissaire expérimenté et respecté de ses pairs, en prend le commandement. Bureaux sans climatisation, ordinateurs antédiluviens, la TFA manque cruellement de moyens. Elle est malgré tout soumise à une pression intense pour résoudre l'affaire. En effet, la municipalité de Sydney a remporté l'organisation des Jeux Olympiques de 2000 et ces meurtres de touristes risquent de faire une mauvaise publicité à l'Australie tout entière, un pays jusque-là réputé sûr. Travaillant jour et nuit, Les agents de la TFA mettent en place un numéro gratuit pour recueillir tout renseignement utile à l'enquête. Par ailleurs, une récompense de 500 000 dollars australiens, la plus grosse somme jamais offerte, est promise par le Gouvernement de Nouvelle-Galles du Sud à la personne qui fournira le tuyau permettant la condamnation de l'auteur des crimes. En outre, la grâce est promise à tout complice qui parlerait, à condition qu'il n'ait pas de sang sur les mains. Consciente que la forêt d'État de Belanglo abrite potentiellement d'autres cadavres, la Task Force Air organise une opération de recherche de grande envergure. Des équipes de policiers fouillent les bois avec des chiens renifleurs de cadavres.

Le 1er novembre 1993, les forces de l'ordre ont passé au peigne fin 22 km² de la forêt de Belanglo sans résultat. Elles commencent à fatiguer, mais leurs efforts vont finir par payer. Elles découvrent les vestiges d'un feu de camp, ainsi que de nouveaux indices matériels : une boîte vide de cartouches Winchester Winner calibre .22, des douilles du même calibre, un jean rose et surtout, un crâne humain avec un bandeau mauve, qui appartiennent à Simone Schmidl. La routarde allemande a connu, comme les autres, une mort atroce. Et le tueur a, encore une fois, laissé sa sinistre signature : il lui a coupé la colonne vertébrale. Là encore, le sac à dos et le matériel de camping de la victime sont manquants. Un point inquiète les enquêteurs : le jean rose trouvé sur les lieux ressemble beaucoup à celui porté par Anja Habschied, une autre randonneuse allemande portée disparue. Des effectifs supplémentaires sont affectés aux recherches. Ce sont désormais près de 300 policiers qui progressent, épaules contre épaules, dans les bois.

Le 4 novembre 1993, deux squelettes sont extraits de tombes peu profondes, à 55 mètres l'un de l'autre, dissimulées sous des branchages. Ce sont bien ceux du couple d'Allemands qui a perdu la vie dans des circonstances cauchemardesques. Gabor Neugebauer a été violemment frappé (il a la mâchoire et un bras fracturés), étranglé avec un bâillon enfoncé au fond de la gorge (le Dr Bradhurst remarque d'ailleurs que le nœud du bâillon est différent de celui de Joanne Walters), avant d'être abattu de six balles dans la tête. Le sort réservé à Anja Habschied est encore plus terrifiant. Elle a été décapitée d'un seul coup, à l'aide d'une épée ou d'une machette. L'angle de découpe laisse penser qu'elle était encore vivante au moment de l'exécution. On l'a forcée à s'agenouiller et à pencher la tête en avant. Son crâne n'a jamais été retrouvé…

Sur la vaste scène de crime surnommée « zone A », on récupère beaucoup d'indices, notamment 90 douilles de marques Winchester et Eley. Apparemment, on s'est beaucoup entraîné au tir sur le site et, selon le sergent Dutton, de la balistique, deux carabines ont été utilisées : une Ruger 10/22 et une Anschutz calibre .22. Des constatations faites sur place, il ressort qu'il y a eu beaucoup d'activité dans le périmètre. Le couple d'Allemands a été séparé, déshabillé et déplacé. Anja a été retrouvée à 165 m de son jean. Sur la « zone A », les policiers font une découverte qui leur glace le sang : une paire de menottes artisanales, un assemblage de cordes et de fils électriques et ce qui ressemble à une laisse. Quelqu'un s'est visiblement fabriqué un système de contrainte. On n'ose imaginer ce qu'ont subi Anja et Gabor avant de périr.

En novembre 1993, la Task Force Air a sept meurtres d'auto-stoppeurs à élucider. Tous ont été retrouvés dans la même forêt, à mi-chemin entre Sydney et Canberra, le long de la Hume Highway. Ils ont été sauvagement assassinés, après avoir, hommes comme femmes, subi des sévices sexuels. Le commissaire Clive Small est persuadé que tous ces dossiers sont liés pour une raison simple, c'est la même arme qui a servi à tuer Caroline Clarke et Gabor Neugebauer : une carabine Ruger 10/22. Small ne peut nier plus longtemps auprès des médias l'existence d'un *serial killer*, pour l'instant insaisissable. Il apparaît urgent d'arrêter ce prédateur qui, depuis 1989, a gagné en confiance et en dangerosité au fil du temps. Effectivement, quand on examine les meurtres dans l'ordre chronologique, on constate que les scènes de crime sont de plus en plus vastes et que le tueur a passé un temps croissant avec ses victimes, prenant le risque de se faire surprendre. Pour finir, ses crimes deviennent de plus en plus ritualisés. Étant donné que la majorité des victimes étaient européennes, Small fait médiatiser l'affaire au niveau international.

Conscients qu'il s'agit de leur meilleure piste, les enquêteurs de la TFA mettent tout en œuvre pour identifier le propriétaire de la carabine Ruger. Seulement, plus de 50 000 armes à feu de ce modèle ont été vendues sur le continent australien. Autant chercher une aiguille dans une botte de foin. Il existe bien des registres officiels pour les ventes dans le commerce, mais rien pour celles de particuliers à particuliers. Sans compter que si le tueur est bricoleur, il a pu monter une vieille culasse sur une arme plus récente. Les policiers mettent sur pied un plan ambitieux : dresser la liste de tous les possesseurs de Ruger 10/22 de la région, saisir ces armes et effectuer des tests balistiques dans l'espoir de trouver une correspondance avec les éléments de munition trouvés dans la forêt de Belanglo. Catastrophe : l'information fuite dans la presse, ce qui provoque la colère de Small. Maintenant au courant des intentions de la police, le détenteur de l'arme des crimes va s'en débarrasser au plus vite, si ce n'est déjà fait.

Depuis sa mise en place, le numéro vert de la TFA croule sous les appels, avec leurs lots de fausses dénonciations et de déclarations fantaisistes. Les informations sont notées à la main sur des fiches et ensuite rentrées dans un système informatique. Un logiciel a été spécialement créé pour traiter toutes ces données, cependant - et c'est un handicap de taille - il ne permet pas de faire de recoupements. Quelques mois plus tard, Small fait le choix douloureux de changer de logiciel. Le problème, c'est qu'il faut à nouveau saisir toutes les données et cela prend un temps fou aux policiers.

Bien que submergés par les témoignages, les enquêteurs vérifient tout. Après avoir analysé 10 000 fiches, ils établissent une liste de 2 000 « personnes d'intérêt », c'est-à-dire désignées comme étant suspectes ou sachant des choses au sujet des tueries de Belanglo. Trois individus attirent particulièrement l'attention des enquêteurs.

Ouvrier dans une usine de plastique de la région, Paul Miller arrive souvent sur son lieu de travail sous l'influence de drogue ou d'alcool. Mais ses collègues n'osent rien lui dire, par peur. Un jour, quelqu'un avec qui Miller avait eu un différend au boulot a retrouvé sa voiture avec les pneus crevés. Et Miller a un passé de délinquant, ou c'est, du moins, ce qu'il essaye de faire croire. Vantard, l'homme est aussi fasciné par les armes à feu (il s'entraîne chaque week-end au tir sur sa propriété). Mais le plus inquiétant chez Paul Miller, ce sont ses déclarations. Le 21 septembre 1992, tandis que tout le monde à l'usine parlait des meurtres des deux Britanniques dans la forêt de Belanglo, Miller avait dit : « Il y a d'autres corps là-bas. Ils n'ont pas encore trouvé les deux Allemands. » Lorsque, treize mois plus tard, on découvre au même endroit les cadavres de Neugebauer et Habschied, les collègues de Miller repensent à ses paroles prophétiques. Mais ils hésitent à parler, par crainte de subir des représailles. C'est finalement l'épouse de l'un d'eux qui signale l'individu aux autorités. En se renseignant sur Paul Miller, les inspecteurs de la Task Force Air découvrent qu'il change souvent d'apparence (il se laisse parfois pousser les cheveux ou la barbe) et, surtout, que son véritable nom est Richard Milat.

En octobre 1993, un officier de la Task Force Air nommé Bob Gedden se rend au club de tir de Bowral, situé dans la forêt de Belanglo, pour interroger des détenteurs de carabines calibre .22. Pendant qu'il discute avec Bill Ayres, le responsable du club, l'un des membres vient spontanément le voir pour lui signaler quelque chose de suspect. Gedden l'invite à faire une déposition en bonne et due forme. Le témoin accepte et lui raconte une histoire étrange. Le 26 avril 1992, vers 16 heures, il avait quitté le stand de tir en compagnie de Bill Ayres, à bord de la voiture de ce dernier (il était donc sur le siège passager). Ayres roulait à faible allure sur Belanglo Road, en direction de la Hume Highway, quand ils auraient croisé deux véhicules se dirigeant vers la forêt : une voiture Ford Falcon de 1980 couleur chocolat, et un 4X4 Holden Colorado ou Nissan Navarra, beige et marron. Au moment où la Falcon était passée à leur hauteur, le passager de Ayres aurait aperçu, sur la banquette arrière, une femme blanche dans la vingtaine bâillonnée et encadrée par deux hommes. La Falcon était conduite par un homme de type caucasien d'environ 25 ans aux cheveux teints en orange ou rouge. À l'arrière du second véhicule - le 4X4 - une autre jeune femme était également ligotée. Le témoin explique qu'à l'époque, il avait noté sur un bout de carton un numéro de plaque d'immatriculation - ALD 537 ou ALO 537 - mais qu'il l'avait perdu depuis. Pour finir, il déclare qu'il avait déjà vu cette Falcon à deux occasions avant avril 1992 et que ses occupants possédaient presque tous des armes à feu. L'un d'eux tenait même une carabine Ruger. Après avoir relu sa déposition, le témoin la signe du nom de « Alex Milat ».

À vrai dire, Bob Gedden, le policier, ne sait pas trop quoi penser de ce curieux témoin. Est-il de bonne foi ou cherche-t-il à embrouiller les enquêteurs ? Interrogé séparément, Bill Ayres, le conducteur, confirmera à la police avoir croisé les deux véhicules ce jour-là. Seulement, il ne les a pas vraiment observés, occupé à conduire. La déposition d'Alex Milat, qui fait plusieurs pages avec force détails, reste la plus troublante. Milat va même jusqu'à décrire les tatouages sur les mains du conducteur et ses boutons d'acné ! À croire que le témoin est doté d'une mémoire photographique. Certaines personnes ont, en effet, la capacité de se souvenir d'un événement avec une précision phénoménale. À titre d'exemple, Stephen Wiltshire, un artiste britannique atteint d'autisme, est capable de dessiner de mémoire et avec une grande fidélité des panoramas de mégalopoles telles que New York ou Mexico après les avoir observées une vingtaine de minutes.

En 1993, une femme appelle le numéro vert de la Task Force Air pour conseiller aux enquêteurs de s'intéresser à un collègue de son petit ami (Marko Koskinen) qui travaille pour Readymix, une société fabriquant du béton et de l'asphalte. Cet individu serait louche parce qu'il a une propriété près de Belanglo, roule en 4X4, et, surtout, possède un vrai arsenal. La femme donne même à la police son identité : Ivan Milat.

Le nom Milat revient un peu trop souvent aux oreilles des enquêteurs et, qui plus est, dans des pistes différentes, c'est pourquoi ils décident de prêter une attention particulière à cette famille.

D'origine croate, les Milat constituent une fratrie de quatorze enfants, dont dix frères. Leurs voisins les voient d'un mauvais œil, car ce sont des marginaux familiers des armes, vivant entre eux. Plusieurs frères Milat - Boris, Walter, Mike - ont un passé de délinquance. Ils ont déjà été condamnés pour des vols et des cambriolages, mais jamais pour des crimes de sang.

Dans le cadre de l'enquête sur les *Backpacker Murders*, les policiers se focalisent au début sur Richard Milat qui paraît le plus suspect vues ses déclarations perturbantes. Mais, plus les officiers de la Task Force Air fouillent la vie des Milat, plus ils se focalisent sur Ivan, le 5e frère dans l'ordre de la fratrie.

Âgé de 49 ans, Ivan Robert Marko Milat réside à Eagle Vale, une ville de la banlieue sud-ouest de Sydney proche de Liverpool et de la Hume Highway. Dans son quartier, on le voit comme un homme affable, qui passe son temps à tondre sa pelouse ou nettoyer son véhicule. Ivan est assez proche de son frère Richard, ils se ressemblent physiquement et ont même travaillé ensemble dans une usine de plastique. Ivan est un fana d'armes, comme Richard, mais contrairement à son cadet, qui passe pour être fou et imprévisible, Ivan a la réputation d'être un excellent travailleur, quoique solitaire. Pareillement à plusieurs de ses frères, Ivan a un casier judiciaire chargé. Il a déjà fait de nombreux séjours en prison, condamné pour vols à main armée dans les années 60. Il semble s'être assagi depuis des années, toutefois, les policiers font une découverte qui accroît leurs soupçons. En avril 1971, Ivan Milat a été inculpé pour l'agression de deux auto-stoppeuses de 18 ans qu'il avait prises à bord de son véhicule près de la gare de Liverpool (il avait même été accusé du viol de l'une d'elles sous la menace d'un couteau). Mais Milat avait été acquitté en 1974 grâce à l'habileté de son avocat John Mardsen qui avait utilisé une méthode moralement contestable lors du procès. Sachant que les deux victimes souffraient de problèmes psychiatriques, il leur avait mis la pression et les deux plaignantes s'étaient rétractées.

En creusant la vie d'Ivan Milat, les enquêteurs constatent que les étranges coïncidences s'accumulent. Il a vendu un 4X4 Nissan Patrol gris argenté peu de temps après la découverte des cadavres de Clarke et Walters. Employé des routes, il a travaillé sur la Hume Highway et a participé à la construction d'un rond-point à Dural, près de Galston Gorge où avaient été justement retrouvées les affaires de James Gibson. Et, contrairement à son frère Richard, Ivan était toujours de repos ou en congés aux dates supposées des sept disparitions. Richard a, lui, un alibi assez solide.

Parallèlement à cette piste prometteuse, les policiers recherchent plus que jamais le propriétaire de la carabine Ruger 10/22 calibre .22. Ils accordent également beaucoup d'importance aux boîtes de cartouches ramassées sur les scènes de crime, car elles comportent des numéros de lot. Après avoir communiqué ces numéros de lot à leur usine de fabrication, ils apprennent que ces munitions ont été commercialisées par 55 magasins d'armes en Australie, la moitié en Nouvelle-Galles du Sud. Des vérifications sont entreprises et un vendeur du Horsley Park Gun Shop, une armurerie de l'ouest de Sydney, affirme avoir vendu l'une des boites concernées à un client prénommé « Ivan ». L'étau se resserre encore un peu plus sur Ivan Milat quand les policiers rendent visite à l'acheteur de son ancien 4X4 Nissan Patrol. Ce dernier leur explique qu'il a trouvé, sous le siège conducteur, une balle neuve Winchester Winner calibre .22, la même catégorie de munition que celle utilisée pour le meurtre de Caroline ou ramassée dans la « zone A ».

À ce stade de l'enquête, il existe un large faisceau d'indices suggérant qu'Ivan Milat est l'homme que la police australienne traque depuis des semaines. Seulement, Clive Small, le chef de la Task Force Air, refuse d'envisager la moindre arrestation pour le moment, en l'absence de preuve formelle. Avant d'envisager la moindre arrestation, il veut un dossier d'accusation en béton, c'est pourquoi Ivan Milat et le reste de sa famille sont mis sous étroite surveillance.

Le commissaire Small a besoin d'idées neuves. Aussi invite-t-il plusieurs experts à participer à des réunions informelles autour d'un pack de bières. Sont notamment conviés le Dr Rod Milton, le profileur, ainsi que le Dr Richard Basham, un anthropologue américain qui enseigne à l'université de Sydney. À l'occasion d'une séance de brainstorming, Small mentionne la mémoire photographique d'un des témoins (Alex Milat). Le Dr Basham fait alors une réflexion surprenante : si cet homme se souvient d'autant de détails, c'est peut-être parce qu'il était lui-même partie prenante de l'entreprise criminelle. En ce qui concerne le profil du ou des meurtriers, l'anthropologue explique qu'il verrait bien des frères un peu rustres, aimant tuer des animaux et qui rôderaient dans le bush. Le genre de fratrie qu'il observait dans son enfance, en Géorgie, dans le sud des États-Unis. Pour illustrer son propos, Basham cite le film *Délivrance* réalisé en 1972 par John Boorman. Small réagit à la remarque de Basham : « On a justement une famille comme ça en stock. » lui dit-il. L'anthropologue, qui n'a jamais entendu parler des Milat, lui répond alors qu'à sa place, il les surveillerait de très près.

De son côté, le Dr Milton n'a pas changé d'avis depuis septembre 1992. Il soutient toujours sa théorie du duo de tueurs. Et la séparation systématique des victimes l'incite à croire qu'il y a une proximité affective entre eux. Si deux étrangers ne seraient sans doute pas gênés de violer des femmes en étant près l'un de l'autre, il n'en va pas de même pour deux frères. Le fait que le corps de Joanne Walters ait été trouvé derrière un rocher suggère que son agresseur craignait le regard jugeur de son complice. Par ailleurs, la décapitation trouve son explication. Milton voit dans cet acte de violence ultime la volonté du frère aîné - le dominant - de rappeler son autorité sur son frère cadet.

Ivan Milat a conforté son statut de suspect numéro un des tueries de la forêt de Belanglo, cependant, les policiers n'ont aucune preuve irréfutable pour l'arrêter. Ils auraient bien besoin d'un coup de pouce du destin. Et, contre toute attente, il va arriver le 13 novembre 1993.

Ce jour-là, le numéro vert de la Task Force Air reçoit un appel téléphonique en provenance de Birmingham, en Angleterre. Au bout du fil, un Anglais de 27 ans nommé

Paul Onions leur raconte une mésaventure qui lui est arrivée environ quatre ans plus tôt, durant un voyage en Australie.

En janvier 1990, Paul passe du bon temps à Sydney avec des amis, mais faire la fête a un coût et le jeune homme de 23 ans se retrouve vite à court d'argent. Pour se renflouer, il n'a d'autre choix que de travailler. Paul décide alors d'aller en Riverina, une région agricole de la Nouvelle-Galles du Sud ayant toujours besoin de main-d'œuvre. Le 25 janvier 1990, Paul jette quelques affaires (notamment une chemise bleue de la marque Next) dans son sac à dos, puis se rend à Liverpool, dans la banlieue sud-ouest de Sydney. L'Anglais veut, en effet, rallier la Riverina en stop, par souci d'économie. Paul reste un bon moment au bord de la Hume Highway, le pouce tendu. Mais aucun automobiliste ne s'arrête pour le prendre. Paul se résout donc à marcher le long de l'autoroute, sous un soleil de plomb. Vers 13 heures, il fait une pause au centre commercial Lombardo de Casula, où il s'achète une boisson. Épuisé et découragé, Paul est à deux doigts de rebrousser chemin et de rentrer à Sydney, quand un Australien musclé d'environ 35 ans l'aborde sur le parking du centre commercial. D'apparence sympathique, l'homme, qui arbore une moustache tombante, se présente comme s'appelant « Bill ». Au bout de quelques minutes de discussion, l'Australien explique à Paul qu'il doit rejoindre des amis à Canberra et qu'il peut l'emmener à bord de son 4X4. Pour Paul Onions, c'est une proposition qui ne se refuse pas.

Les deux hommes partent donc ensemble à bord du 4X4. Bavard, Bill pose beaucoup de questions personnelles à Paul. Il lui demande, par exemple, si d'autres personnes savent qu'il est en Australie. Et Bill parle beaucoup de lui : divorcé et d'origine yougoslave, il habite la région de Liverpool et travaille sur les routes. Au début, l'ambiance est détendue, mais au fil des kilomètres, Bill change d'humeur et tient des propos racistes sur les « bougnoules » et les « rosbifs ». De plus, il paraît nerveux et lance fréquemment des coups d'œil dans le rétroviseur. Se sentant mal à l'aise, Paul se dit qu'il se fait des idées car il n'a pas l'habitude de voyager en auto-stop. Non loin de la ville de Mittagong, à 73 km au sud de Casula, un incident survient. Bill stoppe son véhicule sur le bas-côté de la Hume Highway pour « aller chercher des cassettes audio dans le coffre ». Paul ne comprend pas trop parce que des cassettes sont rangées dans un compartiment entre les sièges avant. L'Anglais profite de l'arrêt pour descendre du 4X4 et se dégourdir les jambes, ce qui provoque la colère de Bill qui lui ordonne sèchement de remonter à bord. Un brin surpris par sa réaction, Onions s'exécute. Il est à peine de retour dans le véhicule, que Bill le menace avec un revolver qui était caché sous son siège.

— Qu'est-ce qui se passe ? s'alarme Paul.

— Tais-toi et mets ta ceinture, lui répond froidement Bill.

À cet instant, les pensées fusent dans la tête de Paul. Une peur sourde l'envahit, quand il aperçoit de la corde qui dépasse de sous le siège de Bill. Écoutant son seul instinct, Paul ouvre en vitesse sa portière et saute du 4X4, abandonnant son sac à dos à l'intérieur. Dans une scène de pure terreur, Onions s'enfuit sur la route en faisant signe aux autres voitures. Fou de rage, Bill lui hurle de revenir et n'hésite pas à lui tirer dessus. Par chance, Paul réussit à éviter les balles en zigzaguant. Cependant, Bill n'en a pas fini avec lui. Il se lance à sa poursuite sur la Hume Highway et le plaque même au sol. Par chance, Paul réussit à se libérer de son étreinte. Dans un état de panique totale, il parvient à arrêter sur l'autoroute une automobiliste nommée Joanne Berry. Mme Berry hésite à secourir Paul parce qu'elle transporte ses quatre enfants et sa sœur. Mais l'Anglais s'impose à bord de son véhicule et lui crie de démarrer. Prenant conscience du sérieux de la situation, Mme Berry obtempère et le conduit aussitôt au poste de police le plus proche, à Bowral. Paul Onions y dépose une plainte et fournit une description précise de son agresseur, de son arme (un revolver avec des balles à pointes cuivrées) ainsi que de son véhicule (un 4X4 Nissan ou Toyota argenté). Mme Berry confirme avoir entrevu le mystérieux Bill qui a pris la fuite en dissimulant quelque chose sous son aisselle.

En novembre 1993, Paul Onions est rentré depuis longtemps en Angleterre, où il mène une vie paisible d'ingénieur. Quand il apprend incidemment dans la presse que deux Britanniques ont été assassinées en Australie, près de l'endroit où il a été agressé quatre ans plus tôt, ce terrible souvenir refait surface. Paul recommence à faire des cauchemars la nuit et il décide de composer le numéro vert de la Task Force Air. Un policier australien note son récit et ses coordonnées sur une fiche qui en rejoint des milliers d'autres en attente de traitement.

Cinq mois plus tard, en avril 1994, le commissaire Clive Small apprend l'existence du témoignage de Paul Onions. Et il est furieux qu'on ne l'ait pas pris en considération avant. Du point de vue de Small, Onions est un témoin capital. Son histoire est d'autant plus fiable que Joanne Berry, la femme qui lui a porté assistance sur la Hume Highway, a également signalé à la TFA l'incident de 1990. Les enquêteurs vérifient les faits auprès de la police de Bowral et apprennent que non seulement la plainte de l'Anglais a été traitée comme une simple tentative de vol, mais que le rapport a été perdu. Les conséquences de ce loupé des services de police s'avèrent gravissimes : entre la tentative d'enlèvement manquée de Paul Onions et la prise en compte de son témoignage, cinq jeunes voyageurs sac au dos ont péri dans des conditions abominables.

Début mai 1994, la police de Nouvelle-Galles du Sud invite Paul Onions à rejoindre l'Australie pour aider les investigations. Sur la Hume Highway, le Britannique retrouve le lieu précis de son agression qui se situe à seulement 800 mètres du panneau indiquant la sortie de la forêt d'État de Belanglo. Onions réalise avec effroi qu'il est un miraculé. Selon toute vraisemblance, l'homme se faisant appeler « Bill » comptait l'amener dans les bois pour lui faire subir le même sort que les autres.

Le 5 mai 1994, une séance de tapissage vidéo est organisée par les policiers australiens. Après avoir examiné treize photographies de suspects, Paul Onions identifie formellement celle d'Ivan Milat. La police prend l'attache de son employeur et apprend que Milat était de repos le jour de l'attaque de l'Anglais. À partir de là, tout s'accélère, car Paul Onions est le chaînon manquant entre Ivan Milat et les tueries de la forêt de Belanglo.

Depuis mars 1994, la maison d'Ivan Milat - au 22, Cinnabar Street à Eagle Vale - a été mise sur écoute par la Task Force Air. Et Milat se sait surveillé. Dans le voisinage, tout le monde a remarqué la présence de faux employés du téléphone. Cela dit, Milat ne semble pas trop inquiet. Il clame qu'il n'a rien à se reprocher. Si la police fait une fixation sur lui, c'est parce qu'elle entretient une vieille rancune à son égard depuis son acquittement de 1974.

Le 21 mai 1994, l'enquête relative aux *Backpacker Murders* réalise un pas de géant. Des inspecteurs rendent visite à Alex Milat, l'un des frères d'Ivan, qui vit désormais à Woombye dans l'État du Queensland. Souffrant de psoriasis, il a déménagé dans cette région plus ensoleillée que la Nouvelle-Galles du Sud, afin de soulager sa maladie de peau. Pour mémoire, Alex Milat est le membre du club de tir de Bowral qui avait relaté avoir vu des véhicules louches dans la forêt de Belanglo. Malgré leur méfiance, certains enquêteurs croient qu'Alex les a orientés, consciemment ou non, dans la bonne direction. Et les policiers sont malins : ils espèrent qu'Alex va téléphoner à Ivan pour le prévenir de leur venue. Dans ce cas, Ivan va possiblement paniquer et se débarrasser de preuves matérielles. On pourra alors le prendre la main dans le sac…

Lors de leur visite chez Alex Milat, à Woombye, les policiers lui demandent s'il possède des munitions et des sacs à dos. Et l'intéressé leur répond par l'affirmative. Plutôt coopérative, sa femme Joan leur montre même un sac à dos bleu. Les officiers de police n'en croient alors pas leurs yeux parce qu'ils reconnaissent de manière catégorique le sac de Simone Schmidl, l'une des victimes. Et quand ils lui demandent d'où provient ce sac, la réponse de Joan est encore plus inespérée : « C'est Ivan qui me l'a donné. ». La femme explique que son beau-frère lui a offert ce sac avant leur déménagement dans le Queensland. D'après Ivan, il appartenait à l'un de ses amis parti en Nouvelle-Zélande. Cette révélation laisse les inspecteurs perplexes. Le témoignage d'Alex Milat relatif aux véhicules suspects croisés dans la forêt de Belanglo n'était peut-être, en fin de compte, que la stricte vérité. Le frère aîné d'Ivan et son épouse désiraient-ils qu'on mette fin à la spirale criminelle d'Ivan ? Ou voulaient-ils juste toucher la récompense promise par les autorités ? Après tout, 700 000 dollars valaient bien une trahison familiale. Quelles que soient les motivations réelles du couple, ce sac à dos revêt une importance cruciale pour les agents de la Task Force Air. Il constitue le *premier* élément matériel concret reliant directement Ivan Milat à l'une des victimes.

Pour le commissaire Small, le moment est enfin venu de passer à l'action. Il faut agir vite car on craint que Milat ne détruise des preuves encore en sa possession. Un juge australien délivre un mandat d'arrêt contre Milat à propos de l'agression de Paul Onions, ainsi qu'un mandat de perquisition pour fouiller son domicile. L'objectif est de trouver chez Ivan Milat des preuves suffisantes permettant de l'incriminer dans l'affaire des *Backpacker Murders* et d'obtenir, le cas échéant, des aveux par la même occasion. Partant du principe que Milat n'a pas agi seul, le juge émet d'autres mandats de perquisition visant sa mère Margaret (chez qui il vivait à la période des meurtres) et plusieurs de ses frères, notamment Richard et Walter.

Le 22 mai 1994, une vingtaine d'officiers de police prennent position dès l'aube autour du domicile d'Ivan Milat, au 22, Cinnabar Street à Eagle Vale. Ils sont appuyés par des membres vêtus de noir et lourdement armés du Groupe de Protection de l'État (GPE), l'équivalent du GIGN en Australie. Des raids sont également lancés sur les autres propriétés des Milat en Nouvelle-Galles du Sud et dans le Queensland.

Pour les forces de l'ordre, l'opération est considérée à haut risque car Ivan Milat est dangereux et potentiellement armé. De plus, la situation est délicate : sa petite amie Chalinder Hughes est chez lui. Un négociateur nommé Wayne Gordon assiste donc les policiers. La consigne est de n'employer la force et ne donner l'assaut qu'en dernier recours. À 6 h 36 du matin, Gordon compose le numéro de téléphone du domicile d'Ivan Milat. Quelqu'un décroche et une voix masculine se faire entendre. Gordon demande s'il parle à M. Milat. On lui répond que non. « Est-ce que M. Milat est là ? dit alors le négociateur. « Non, pas en ce moment. » s'entend-il dire. À l'autre bout du fil, Ivan Milat ment effrontément, seulement Gordon n'est pas dupe. Il l'informe que sa maison est cernée par les policiers, qu'il doit sortir calmement et s'allonger face contre terre. Milat acquiesce en bredouillant avant de raccrocher. Les minutes s'écoulent et rien ne se passe. La tension monte encore d'un cran. Gordon rappelle le numéro de Milat et tombe cette fois sur Chalinder Hughes. La jeune femme passe le combiné à son compagnon qui explique avoir cru à « une blague (sic) de ses collègues de travail ». Le négociateur répète ses instructions. Milat a l'air d'accord et met fin à la conversation téléphonique. Les secondes s'égrènent. Mais personne ne sort. Deux membres du groupe d'intervention tactique positionnés près de la maison entendent une porte de voiture s'ouvrir et se refermer dans le garage. Milat va-t-il tenter une sortie en force ? La nervosité est à son comble chez les policiers, quand, tout à coup, la porte d'entrée s'ouvre et Ivan Milat apparaît. Contre toute attente, il sort et se rend sans opposer la moindre résistance. Sa compagne fait de même. Le nez dans la pelouse, Milat est menotté et informé de ses droits. Un officier de police lui explique la raison de son arrestation (cf. la plainte de Paul Onions) et qu'il va aussi être interrogé dans le cadre des *Backpacker Murders*. La réponse de l'intéressé fuse. Elle ne variera jamais par la suite : « Je ne vois pas de quoi vous parlez. »

Les enquêteurs démarrent rapidement la perquisition du domicile du suspect. Ils fouillent méthodiquement la demeure de Milat en sa présence afin d'entendre ses éventuelles explications. Le premier élément « intéressant » trouvé dans la maison est une carte postale envoyée à Ivan Milat par un ami de Nouvelle-Zélande commençant par les mots : « Salut Bill ». Les policiers questionnent Milat pour savoir s'il se fait appeler Bill. Il répond que cela doit être une erreur. Dans la chambre d'amis, un policier ramasse une cartouche calibre .22. Il demande à Milat s'il possède des armes à feu et ce dernier répond que non, mais, un peu plus tard, un officier va découvrir un pistolet automatique Browning 7,65 dans la buanderie. Chargée, l'arme était cachée sous la machine à laver. Il est évident que Milat a menti en déclarant ne pas posséder d'armes à feu. Surtout que, sur une photo rangée dans un album, l'homme moustachu prend la pose, habillé en cow-boy, une carabine Winchester calibre 30/30 à la main.

Durant des heures, les hommes de la Task Force Air explorent chaque recoin du domicile d'Ivan Milat. Et ils sont stupéfaits parce que ce qu'ils y découvrent, c'est une montagne de preuves. Clive Small qualifiera même plus tard cette perquisition de « mine d'or ». Il serait fastidieux de passer en revue l'ensemble des éléments collectés sur place par les enquêteurs. Un policier trouve, à l'intérieur d'un tiroir de la cuisine, un appareil photo Olympus identique à celui que possédait Caroline Clarke et qui n'avait pas été retrouvé dans la forêt de Belanglo. Dans le garage, on met la main sur un silencieux de fabrication artisanale. Ils dénichent, par exemple, les sacs de couchage de Deborah Everist et Simone Schmidl, ainsi que la gourde de cette dernière. Sur la gourde, quelqu'un a gratté le surnom « Simi », seulement, il reste visible à la lumière infrarouge. Lorsqu'on somme Milat de s'expliquer sur l'origine de ces objets appartenant aux victimes, il répond ne pas savoir d'où ils proviennent. Et c'est loin d'être terminé. Sur une photo exposée dans un cadre, Chalinder Hugues, la petite amie de Milat, porte un polo de rugby Benetton en tous points similaire à celui que possédait Caroline Clarke. De couleur vert et blanc, ce modèle n'avait été commercialisé qu'en Grande-Bretagne à l'époque. Milat a, comme toujours, une « explication ». Il raconte avoir trouvé ce polo dans la machine à laver chez sa mère à Guilford. Les policiers ne parviendront jamais à retrouver ce vêtement. En revanche, ils trouveront, à l'intérieur du sac dont se sert Milat pour aller au travail, un couteau Bowie pourvu d'une lame de trente centimètres. Une arme blanche analogue à celle utilisée par le tueur d'auto-stoppeurs. Mais la plus belle découverte sera faite dans le plafond du garage de Milat, dissimulée derrière des panneaux isolants en laine de verre : un sac en plastique contenant des éléments d'une carabine Ruger 10/22. Démontée, l'arme est incomplète. Loin de perdre son aplomb, Milat se défend d'avoir jamais vu cette carabine chez lui auparavant. Pour le mettre en difficulté, les policiers lui demandent alors qui est déjà allé dans le plafond de son garage. La réponse de Milat frise l'insolence : « Vous et les constructeurs. » À aucun moment, Milat ne paraît déstabilisé. Au contraire, il fait même le malin. L'agression de Paul Onions ? Ce n'était pas lui. Les tueries de Belanglo ? Il ne sait rien à leur sujet. Il clame d'ailleurs n'avoir jamais mis les pieds dans cette forêt. En résumé, Ivan Milat conteste tout.

Les perquisitions visant les autres propriétés des Milat sont aussi couronnées de succès. Chez Walter Milat, qui habite à Hill Top, une bourgade rurale entre Sydney et la forêt de Belanglo, les officiers de police recensent assez d'armes pour équiper une petite armée : couteaux de chasse, machettes, baïonnettes, arbalètes, flèches, fusils de chasse, fusil à canon scié, carabines dont plusieurs Ruger calibre .22, trois fusils d'assaut de marque chinoise et un silencieux interdits en Australie. Plus intrigant, on trouve chez Walter Milat une carabine Anschutz calibre .22 qui pourrait être la seconde arme utilisée dans la « zone A ». Par ailleurs, on comptabilise près de 250 kilos de munitions, notamment des boîtes de cartouches Winchester Winner et Eley Subsonic comportant des numéros de lot identiques à ceux des cartouches ramassées dans la forêt de Belanglo. Plus tard, les hommes de loi vont apprendre qu'Ivan Milat avait transféré une partie de son arsenal chez Walter quelques mois plus tôt.

La perquisition conduite chez Richard Milat, qui vit dans deux caravanes reliées entre elles par un abri, est, elle aussi, fructueuse. En plus de différentes armes à feu, les enquêteurs saisissent du matériel de camping appartenant à Caroline Clarke et Joanne Walters : leurs sacs de couchage et, surtout, la tente bleue de Caroline. On est certain qu'il s'agit de la sienne, parce que cette tente lui avait été offerte en mars 1992 par un ami nommé Steve Wright. Et cette tente présentait un signe distinctif. L'ancien propriétaire (Wright) avait réparé une petite entaille dans la toile avec une étiquette adhésive. Quand on l'interroge sur la provenance de ces objets, Richard adopte la même ligne de défense que son frère. Il n'a aucune idée de comment ils sont arrivés chez lui.

Au domicile de Margaret Milat, la mère d'Ivan, les policiers font une trouvaille inquiétante dans l'une des chambres : une épée à lame courbe. Même si elle est émoussée, c'est ce genre d'arme qui aurait pu servir à décapiter Anja Habschied. La découverte la plus inattendue a lieu dans le garage. Les officiers mettent sous scellés une chemise bleue Next semblable à celle que transportait Paul Onions dans son sac à dos au moment de son agression en 1990. L'Anglais avait abandonné son sac à dos dans le 4X4 de son assaillant.

En dépit de la quantité impressionnante d'éléments à charge contre lui, Ivan Milat continue de nier en bloc. Les inspecteurs de la Task Force Air ont face à eux un « sérieux client ». Milat conteste tout avec une insolence et une mauvaise foi effarantes. Mais Clive Small, le chef de la police, sait qu'il a une carte maîtresse en main : la Ruger 10/22 trouvée chez le suspect. La carabine n'est pas complète, néanmoins, les enquêteurs sont en possession d'une pièce primordiale : la culasse. Située à l'arrière de la carabine, derrière le canon, la culasse assure l'éjection de la douille et le chargement d'une nouvelle cartouche.

Spécialiste en balistique, le sergent Gerard Dutton monte cette culasse sur une autre Ruger dans le but d'effectuer des tirs de comparaison. Après plusieurs essais, l'expert rend sa conclusion : même incomplète, l'arme à feu saisie chez Milat est bien la Ruger 10/22 ayant servi à abattre Caroline Clarke et Gabor Neugebauer.

Fin mai 1994, Ivan Milat est mis en accusation par les autorités australiennes dans l'affaire des *Backpacker Murders*. Richard et Walter Milat sont aussi dans le collimateur de la justice, toutefois, ils ont des alibis assez solides, à la différence de leur frère. Ivan sera finalement la seule personne inculpée.

Le 26 mars 1996 s'ouvre à Sydney le plus gros procès criminel de l'histoire de l'Australie. Des journalistes venus du monde entier et une foule de curieux se pressent autour de la

Cour suprême de Sydney pour voir celui qui a terni la réputation accueillante du pays. Bien coiffé, rasé de près et vêtu d'un costume bleu marine, Ivan Milat est méconnaissable. On a du mal à croire qu'un homme d'apparence si banale ait pu faire régner la terreur pendant des années sur la Hume Highway. S'il n'y avait cette froideur qui émane de lui et ce rictus quasi permanent sur ses lèvres, on lui donnerait le bon Dieu sans confession. Depuis son arrestation, le 22 mai 1994, Milat n'a pas varié de position. S'estimant innocent, il réfute toute implication dans les meurtres d'auto-stoppeurs.

Dès le démarrage du procès, le procureur Mark Tedeschi, qui dirige l'accusation, annonce qu'Ivan Milat sera reconnu coupable des sept meurtres cruels commis dans la forêt de Belanglo. Tedeschi explique qu'il ne peut pas prouver s'il a eu des complices ou non, mais qu'au fond, cela ne change rien : Ivan Milat s'avère coupable dans tous les cas. Aidé ou pas, il a commis tous les assassinats pour sa propre gratification psychologique, autrement dit, pour le plaisir. Tedeschi paraît assuré de son succès, et pour cause : il détient un dossier en béton.

Trois mois sont nécessaires à l'accusation pour présenter tous les éléments contre Ivan Milat. Mais, mis à part la Ruger 10/22 - l'arme du crime considérée comme une preuve directe - il s'agit essentiellement de preuves dites « circonstancielles ». Apportons quelques éclaircissements. Une preuve circonstancielle permet d'établir un lien entre une personne accusée et un crime, mais pas de prouver sa culpabilité de manière irréfutable. Par exemple, si l'on prélève l'empreinte digitale de quelqu'un sur un coffre-fort dans lequel un lingot d'or a été volé, on dispose de la preuve qu'il a touché ce coffre, mais pas nécessairement qu'il l'a ouvert pour dérober le lingot. Par conséquent, une preuve circonstancielle est moins forte qu'une preuve directe. Bien que majoritairement circonstancielles, les preuves à l'encontre de l'accusé se révèlent accablantes (notons tout de même que l'ADN d'Ivan Milat n'a été retrouvé sur aucune scène de crime). Le procureur présente 350 pièces à conviction et une liste de 145 témoins, contre seulement 9 pour la défense. Deux témoignages vont peser lourd dans la balance : celui de Karen Duck, l'ex-femme de Milat, et surtout celui de Paul Onions, le témoin star de l'accusation venu exprès de Grande-Bretagne. Nous aurons l'occasion d'en reparler dans le prochain chapitre.

De son côté, l'accusé reste inflexible. Il n'a rien fait et déclare n'avoir jamais vu avant la carabine Ruger 10/22 saisie à son domicile. Il insinue que la police a caché chez lui l'arme du crime pour le piéger, mais le procureur démolit cette allégation. Il semble, en effet, difficile de croire que quelqu'un ait réussi à entrer par effraction chez Milat sans déclencher le système d'alarme. Cet intrus aurait également pris le soin de peindre les pièces de la carabine avec la même peinture camouflage que celle dont se servait habituellement Ivan Milat pour décorer ses armes. Et ce n'est pas tout : comment expliquer qu'un manuel relatif aux Ruger 10/22 ait également été trouvé chez l'accusé, ou encore que cette arme ait été vendue par le Horsley Park Gun Shop, le magasin que fréquentait justement Milat ?

Une question se pose néanmoins : quel criminel serait assez stupide pour conserver chez lui autant de preuves attestant sa culpabilité ? N'oublions pas que l'accusé a même offert à son entourage des effets personnels appartenant aux victimes. Le procureur Tedeschi avance une explication : Milat est un collectionneur compulsif de trophées. Tellement certain de ne pas être pris, c'est son incroyable arrogance et sa confiance démesurée en lui-même qui l'ont poussé à conserver les objets volés aux victimes et même à en distribuer à ses proches. Du point de vue de Tedeschi, « c'est presque comme si Ivan Milat avait laissé son empreinte dans la forêt, à cause de l'incroyable coïncidence des éléments reliés à lui ».

Face aux arguments implacables de l'accusation, la défense d'Ivan Milat change de stratégie. Terry Martin, l'un de ses avocats, présente alors une théorie terrifiante. Selon Martin, il ne fait aucun doute que celui qui a commis les tueries de Belanglo réside à l'intérieur de la famille Milat ou bien est très proche d'elle. Il ne s'agit toutefois en aucun cas d'Ivan. En clair, un ou plusieurs de ses frères auraient tué les auto-stoppeurs et dissimulé les preuves chez Ivan pour lui faire porter le chapeau. Et Martin désigne deux frères en particulier : Richard et Walter Milat. Vue sa ressemblance physique avec Ivan, Richard aurait pu attaquer Paul Onions en se faisant passer pour Bill. L'objectif de l'avocat d'Ivan Milat est de créer un doute suffisant dans l'esprit des jurés afin d'obtenir l'acquittement de son client. Convoqués à la barre, Richard et Walter Milat se défendent d'avoir joué un rôle dans les horreurs perpétrées dans la forêt de Belanglo. Richard déclare ignorer comment le matériel de camping de Caroline Clarke est arrivé chez lui. Et il ne se souvient pas avoir dit à ses collègues de travail des phrases perturbantes telles que « Il y a d'autres corps là-bas. Ils n'ont pas encore trouvé les deux Allemands. » Richard Milat est un personnage pour le moins inquiétant, mais le système de défense de Terry Martin ne va pas fonctionner…

Le 27 juillet 1996, au terme d'un procès-fleuve de dix-sept semaines, le jury déclare Ivan Robert Marko Milat coupable des meurtres de Caroline Clarke, Joanne Walters, Simone Schmidl, Anja Habschied, Gabor Neugebauer, James Gibson et Deborah Everist. Ivan Milat se voit condamné à une peine correspondant à sept fois la prison à vie sans possibilité de libération conditionnelle. Le juge Hunt précise que Milat demeurera en détention « jusqu'au terme de sa vie naturelle ». Reconnu également coupable de la séquestration et tentative de meurtre sur Paul Onions, il reçoit une peine supplémentaire de dix-huit années d'emprisonnement. À l'énoncé du verdict, Milat reste de marbre. Lorsque le juge lui pose la traditionnelle question « Avez-vous quelque chose à dire ? », il répond : « Je ne suis pas coupable. C'est tout ce que j'ai à dire. »

Incarcéré dans un premier temps à la prison de Maitland Gaol, Milat est loin d'être un détenu modèle. En 1997, il fait une tentative d'évasion et est alors transféré à Supermax, l'aile de sécurité maximale du centre correctionnel de Goulburn, située ironiquement à seulement 70 km de la forêt de Belanglo. Il est d'ailleurs fort probable qu'il y ait croisé à cette époque Bruce John Preston (cf. affaire n° 1).

Suite à la découverte d'une scie à métaux dans sa cellule (elle était cachée à l'intérieur d'un paquet de biscuits), les autorités carcérales placent Milat à l'isolement. Le prisonnier est enfermé dans une pièce minuscule, privée de la lumière du jour et d'air frais.

S'autoproclamant innocent et victime d'un complot fomenté par la police australienne, Milat tente à maintes reprises de faire appel de sa condamnation dans les années 1990 et 2000, mais ses demandes sont systématiquement rejetées. Le tueur en série fait une grève de la faim et se coupe même un petit doigt en 2009 pour se faire entendre. En vain. À la fin des années 2010, Ivan Milat n'est plus que l'ombre de lui-même. Il a l'apparence d'un vieillard amaigri et malade et, le 27 octobre 2019, il meurt à l'âge de 74 ans d'un cancer de l'œsophage avancé. Force est de constater qu'il n'a jamais avoué ses crimes, même sur son lit de mort.

Hors normes, l'affaire des *Backpacker Murders* est l'une des principales sources d'inspiration du film d'horreur australien *Wolf Creek* de Greg McLean, à la fois réalisateur et scénariste. Pour écrire le personnage de Mick Taylor, le *bushman* psychopathe, Greg McLean a beaucoup puisé dans la personnalité d'Ivan Milat. Comme Milat, Mick Taylor se montre souriant et amical au premier abord. Il propose facilement son aide aux touristes étrangers avant de leur faire subir les pires sévices, n'hésitant pas à les violer à l'occasion. Chasseur, Taylor fait autant preuve de cruauté avec les humains qu'avec les kangourous. Armé d'un fusil à lunette, Taylor a une prédilection pour le couteau Bowie dont il se sert pour neutraliser ses victimes en leur coupant les vertèbres. Pour finir, il porte un chapeau de cow-boy.

Autre exemple éloquent : dans *Wolf Creek 2*, la suite sortie en 2013, Mick Taylor s'en prend à un jeune couple de *backpackers* allemands qui traversent l'Australie en auto-stop. Le personnage féminin s'appelle Katarina Schimdt, un nom de famille qui n'est pas sans rappeler celui de Simone Schmidl. Toute ressemblance avec une personne ou une affaire ayant existé n'est donc pas purement fortuite...

4.

LES ZONES D'OMBRE DES *BACKPACKER MURDERS* NOUVELLE-GALLES DU SUD 1994

Dans l'affaire des meurtres d'auto-stoppeurs, sept jeunes gens ont péri en Australie dans des circonstances inhumaines entre 1989 et 1992. Toutes les victimes, hommes comme femmes, ont été torturées, violées et sauvagement assassinées dans la sinistre forêt de Belanglo, où leurs restes ont été retrouvés.

Le 27 juillet 1996, justice a été rendue avec la condamnation d'Ivan Milat, toutefois, un certain nombre de questions sont restées sans réponse. La plus grande interrogation est de savoir si Milat avait ou non des complices. Nous allons tenter d'apporter un peu de lumière sur ce point. Mais avant toute chose, penchons-nous sur la question de la culpabilité de la seule personne inculpée et condamnée dans ce dossier.

Ivan Milat était-il réellement coupable ?

C'est un fait : depuis la première seconde de son arrestation et jusqu'à son décès en 2019, Milat n'a cessé de proclamer son innocence. C'est une position que soutiennent encore aujourd'hui certains de ses frères, notamment

Richard ou Bill. Le plus intrigant, c'est qu'à la fin de son procès, en juillet 1996, Ivan Milat attendait le verdict, confiant. Il pensait être déclaré non coupable. La famille Milat avait même organisé à l'avance un repas pour fêter son acquittement. Une idée plutôt saugrenue quand on se rappelle que Terry Martin, l'un des avocats d'Ivan, a accusé deux de ses frères de l'avoir piégé.

La ligne de défense personnelle d'Ivan Milat a toujours été de répéter que la police de Nouvelle-Galles du Sud l'avait fait plonger dans l'affaire des *Backpacker Murders*. Milat aurait été au centre d'une machination orchestrée par la Task Force Air. Sous la pression du pouvoir politique et de l'opinion publique, les forces de l'ordre avaient besoin d'un coupable et l'auraient donc fabriqué. Les policiers australiens auraient choisi Ivan Milat parce qu'ils nourrissaient une vieille rancœur envers lui, après son acquittement inespéré lors de son procès pour l'agression de deux auto-stoppeuses en 1974. À l'entendre, Ivan Milat n'aurait donc été qu'un bouc émissaire dans cette histoire. La police aurait caché à son domicile toutes les preuves relatives aux meurtres pour le faire condamner.

Faisons montre d'honnêteté intellectuelle. Dans les années 1990, la police de Nouvelle-Galles du Sud a été incriminée dans plusieurs affaires de corruption. Des officiers corrompus ont, par exemple, été impliqués dans des trafics de drogue. Un policier « ripou » avait notamment planqué de l'héroïne dans le coffre de la voiture d'un individu pour justifier son arrestation. Les brebis galeuses existent vraisemblablement dans les forces de police australiennes, comme partout dans le monde. Cependant, l'analyse des faits montre que la thèse d'un complot dans l'affaire des *Backpacker Murders* ne tient pas la route.

Si Ivan Milat avait été victime d'un complot, celui-ci aurait été généralisé. L'accusé aurait eu tout le monde contre lui : police, experts et spécialistes, légiste, sans oublier tous les témoins (Paul Onions, Karen Duck, collègues de travail, etc.). Et une conspiration ne permet pas d'expliquer l'absence systématique d'alibi de Milat, ses antécédents judiciaires et toutes les coïncidences troublantes le reliant aux meurtres. Bien que matériellement réalisable, la possibilité d'indices apportés par la police dans la maison de Milat connaît aussi des limites. Il est, par exemple, difficile de croire que la photo de Chalinder Hugues portant le même polo que Caroline Clarke ait été fabriquée de toutes pièces…

Revenons sur les deux témoignages décisifs lors du procès d'Ivan Milat, à commencer par celui de Paul Onions. L'accusé a opposé une défense médiocre à l'Anglais parce qu'il correspondait sur toute la ligne à la description de « Bill », son agresseur (portrait physique, informations personnelles livrées au passager, véhicule…). Il a, en outre, été prouvé que Milat fréquentait le centre commercial de Lombardo à Casula et qu'il avait l'habitude de cacher une arme à feu sous le siège conducteur de son 4X4. Enfin, il ne travaillait pas le jour de l'agression. Autre témoin clé de l'accusation avec Onions, Karen Duck, l'ex-épouse de Milat, a apporté des informations édifiantes sur l'accusé. Lors de son arrestation, Milat avait soutenu n'être jamais allé dans la forêt d'État de Belanglo, or, Karen a certifié le contraire. Elle s'y serait rendue en sa compagnie plusieurs fois en 1983. Elle s'est même rappelé qu'Ivan avait abattu des kangourous lors d'une partie de chasse. Il en avait même achevé un sous ses yeux en lui tranchant la gorge avec son couteau Bowie. D'après Mme Duck, Milat avait l'air de connaître parfaitement les lieux puisqu'il conduisait sur les chemins en terre sans l'aide d'une carte. Enfin, Karen a indiqué que son ancien mari utilisait de nombreux pseudos et notamment « Bargo Bill ».

En dépit de l'absence d'aveux et de preuves génétiques (l'ADN d'Ivan Milat n'a pas été retrouvé sur les scènes de crime), l'étude objective des faits nous pousse à croire qu'il était coupable à 100 % dans l'affaire des *Backpacker Murders*. Le mensonge est un phénomène très courant dans la vie de tout un chacun et encore plus dans celle des criminels. Reste à savoir si Milat croyait sincèrement à ses mensonges. De toute évidence, il était dans le déni.

Seul ou non ?

Ivan Milat a été jugé comme l'unique responsable des meurtres d'auto-stoppeurs, mais le doute continue de planer encore aujourd'hui sur l'existence éventuelle de complices. Deux camps s'opposent sur ce point.

D'un côté, la police australienne, incarnée par la figure de Clive Small, a toujours soutenu la thèse selon laquelle Milat avait agi seul. L'individu était décrit comme un solitaire, un être calculateur ne faisant confiance à personne. À en croire certains, il n'aurait jamais voulu partager ses fantasmes de domination avec quiconque. De plus, l'arme relative aux crimes et quantité de preuves ont été retrouvées chez lui. C'est Ivan Milat qui a distribué à ses proches des objets appartenant aux victimes. Pour finir, il était seul lors de la tentative de kidnapping de Paul Onions. Plus surprenant, Boris Milat, le frère aîné d'Ivan, a également adhéré à cette théorie. De son point de vue, Ivan était tout à fait capable d'opérer en solo, à l'insu de son entourage.

D'un autre côté, la majorité des acteurs du dossier - experts de la police technique et scientifique, psychiatre criminologue, médecin légiste, avocats de la défense, procureur et même le juge selon le journal britannique *The Independent* - ont reconnu que d'autres personnes qu'Ivan Milat avaient probablement participé aux tueries de la forêt de Belanglo. Un certain nombre d'éléments suggère effectivement la présence d'autres personnes sur place.

Les constatations matérielles faites sur les scènes de crime

- des mégots de cigarette et des bouteilles d'alcool vides ont été trouvés près des corps de victimes, or Ivan Milat ne fumait pas et ne consommait pas d'alcool. On pense qu'il a fait fumer une dernière cigarette (celle « du condamné ») à ses victimes avant de les massacrer, seulement, ce n'est que pure conjecture ;

- des cadavres ont été camouflés sous des branches d'arbre tellement lourdes que les policiers ont été obligés de s'y mettre à plusieurs pour les enlever. Milat avait beau être fort physiquement, avait-il la capacité de les soulever sans aide ?

- près de cent douilles ont été ramassées dans la « zone A ». Il a été établi que deux carabines différentes ont été utilisées avec des munitions non permutables. L'usage de deux armes à feu implique sans doute la présence de deux tireurs.

Le scénario supposé des attaques

En ce qui concerne le mode opératoire des crimes, Milat n'avait assurément pas besoin d'aide pour s'en prendre à des personnes seules (Schmidl et Onions). Pour les couples, il est plus dur de se prononcer, mais, si l'on en croit son frère Boris, Ivan pouvait commettre les meurtres « avec une main dans le dos ». Il est très plausible que Milat ait ordonné à l'une des victimes d'attacher l'autre sous la menace d'une arme. Il les a certainement avertis que si l'un des deux tentait de s'enfuir, il tuerait l'autre. C'est une méthode classique chez les criminels. La question se pose surtout pour Gabor Neugebauer parce que, d'après son père Manfred, le jeune homme, grand et fort, se serait défendu et il fallait être deux pour le neutraliser.

Le plus délicat pour Ivan Milat devait être de surveiller ses proies et de conduire en même temps son 4X4, qui plus est sur des chemins forestiers chaotiques. À moins qu'il n'ait drogué ses victimes pour les rendre plus dociles ? Gagnant en expérience, Milat s'est amélioré après sa tentative d'enlèvement manquée sur Paul Onions en 1990, mais tout de même, l'aide d'un complice aurait simplifié les choses.

Le fait que les trois couples d'auto-stoppeurs aient été séparés et déplacés sur les scènes de crime suggère la présence d'au moins deux agresseurs, comme les différentes méthodes utilisées pour tuer. L'un des assaillants s'est-il servi d'une arme à feu parce qu'il se sentait incapable de poignarder quelqu'un de sang-froid ? Souvenons-nous que, dès le départ de l'affaire, le Dr Milton avait émis l'hypothèse d'un duo de tueurs, possiblement deux frères, et ce, sans avoir connaissance de l'existence des Milat.

D'un point de vue logistique, deux partenaires de crime circulant dans des véhicules différents attirent moins l'attention qu'un homme seul circulant toujours à bord du même 4X4. Ce cas de figure s'avère crédible au regard du témoignage d'Alex Milat qui avait observé deux véhicules louches en mouvement dans la forêt de Belanglo.

L'identité des hypothétiques complices

Un faisceau d'indices laisse présumer qu'Ivan Milat n'a pas agi seul, mais, dans ce cas, qui l'a aidé ? Ses frères Richard et Walter Milat ont fait l'objet de soupçons de la part de la police, néanmoins, ils n'ont pas été poursuivis, faute de preuves. Il faut dire que leur ADN - comme celui d'Ivan Milat d'ailleurs - n'a pas été trouvé sur les scènes de crime. Après, on sait que l'ADN se dégrade assez vite dans la nature, notamment sous l'effet des rayons UV. La raison principale pour laquelle Richard et Walter Milat ont échappé à une inculpation est qu'ils bénéficiaient d'un alibi imparable aux dates des disparitions. Cela dit, il est envisageable que Richard Milat, employé d'usine, se soit absenté de son poste de travail pour rejoindre son frère pendant des heures. Si les ouvriers devaient pointer, Richard aurait pu confier son badge à un ami ou collègue pour qu'il le fasse à sa place. Mais aurait-il réussi à duper de la sorte plusieurs fois son employeur ? Pas sûr.

Si aucun des frères Milat n'était impliqué dans les meurtres des *backpackers*, il faut chercher ailleurs. Quelques années après la condamnation d'Ivan Milat, son ancien avocat John Mardsen a déclaré qu'il avait probablement tué les auto-stoppeurs et qu'il n'avait pas agi seul. Mardsen a même avancé la possibilité qu'il ait été aidé par une femme. Chalinder Hugues, la petite amie d'Ivan, ne portait-elle pas sur une photo un polo analogue à celui d'une des victimes ? Une autre thèse - encore plus folle - a émergé. Ivan Milat aurait pu être assisté par sa propre sœur Shirley Soire, avec qui il avait même été soupçonné d'entretenir une relation incestueuse lorsqu'ils vivaient sous le même toit. Mais, une fois de plus, il a été impossible de le prouver, Shirley Soire étant décédée en 2003.

La piste ésotérique

Devant tant de questions sans réponse, des rumeurs angoissantes ont circulé au sujet des meurtres de la forêt de Belanglo. Des informations relatives aux scènes de crimes auraient filtré de l'enquête et, selon des sources non officielles, toutes les victimes auraient été retrouvées face contre terre, la tête orientée vers le sud. On a également parlé d'autels en pierre, de pierres disposées en cercle évoquant des signes cabalistiques, de feux de joies allumés au cours de célébrations païennes, etc. Par ailleurs, le médecin légiste ayant procédé aux autopsies avait souligné l'aspect rituel de certains meurtres. L'exemple le plus frappant est celui d'Anja Habschied décapitée d'un seul coup, tandis qu'elle était encore vivante. Certains sont allés jusqu'à affirmer que des sacrifices humains avaient été pratiqués dans la forêt de Belanglo. Et que les bouteilles d'alcool vides laissées sur place témoignaient du côté festif de ces cérémonies supposément sataniques. Vu l'aura de mystère entourant le satanisme, il n'est guère possible d'aller plus loin dans l'étude de cette piste. L'Église de Satan est bien implantée en Australie, néanmoins il convient de ne pas tomber dans l'amalgame. Le satanisme est avant tout une philosophie de vie. Et dans leur immense majorité, les adeptes de Satan n'ont rien d'êtres sanguinaires. Au fond, cette piste ésotérique ne demeure peut-être que de l'ordre du fantasme…

La piste du réseau

Et si Ivan Milat n'était finalement qu'un rabatteur ? Il aurait travaillé au service d'un réseau de gens puissants désireux de satisfaire leurs instincts les plus primaires. Milat aurait ainsi acheminé des victimes jusqu'à des lieux prédéfinis dans la forêt de Belanglo où l'attendaient ses « clients », des personnes fortunées ou haut placées dans la société sydnéenne. Là encore, cette théorie ressemble à une théorie du complot, aussi facile à formuler qu'impossible à prouver. Soyons lucides : en admettant que Milat n'était qu'un fournisseur de victimes et qu'il aurait servi en quelque sorte de « fusible », il est raisonnable de penser qu'il aurait été purement éliminé. Le risque qu'il parle en prison et donne les noms des membres du réseau s'avérait trop important. On aurait retrouvé Milat « suicidé » en prison, à la manière d'un Jeffrey Epstein. Le fait que Milat n'ait pas été réduit au silence tend à invalider cette hypothèse.

En conclusion, si Ivan Milat n'a pas agi seul du début à la fin (ce qui reste tout de même possible), il a censément été épaulé par un ou plusieurs membres de sa famille lors de certains crimes. Faute de preuve, aucun frère d'Ivan n'a été inculpé dans l'affaire des *Backpacker Murders*. Le bénéfice du doute leur a été accordé, cependant, la famille Milat a refait parler d'elle dans les années 2000 à l'occasion d'un horrible fait divers. En novembre 2010, Matthew Milat, le petit-neveu d'Ivan Milat, âgé de 17 ans à l'époque, a attiré avec un complice l'un de ses camarades nommé David Auchterlonie dans la forêt d'État de Belanglo. Et dans les bois, il a torturé Auchterlonie avant de l'assassiner avec une hache à double lame. Pour ce meurtre commis de sang-froid, Matthew Milat a été condamné à 43 ans de prison. Actuellement derrière les barreaux, le jeune homme n'a jamais caché son admiration pour son grand-oncle...

5.

LES DERNIERS SECRETS D'IVAN MILAT NOUVELLE-GALLES DU SUD 1996

L'affaire des *Backpacker Murders* est tellement dense et tentaculaire qu'elle méritait qu'un troisième et dernier chapitre lui soit consacré dans le présent livre.

Ivan Milat a quitté le monde des vivants le 27 octobre 2019 sans avoir jamais avoué ses crimes. Autant dire qu'il a emporté tous ses secrets dans la tombe. Certains pensent qu'il s'est possiblement confié à sa mère Margaret décédée en 2001 à l'âge de 81 ans. Rien n'est sûr toutefois. Même si c'est dur à concevoir, Milat pourrait être encore plus monstrueux qu'on le pense. Des journalistes et policiers australiens le soupçonnent, en effet, d'avoir joué un rôle dans d'autres dossiers criminels (disparitions et meurtres) datant pour l'essentiel des années 1970. Irrésolues, ces affaires sont devenues des *cold cases.* Nous allons en lister certaines ultérieurement, mais d'abord, nous allons nous livrer à un exercice difficile : tenter d'apporter quelques clés de compréhension sur le pire tueur en série qu'ait connu l'Australie.

La psychologie d'Ivan Milat

Phénomène courant chez les meurtriers : Ivan Milat n'a jamais reconnu ses actes en dépit des innombrables éléments à charge contre lui. Il a toujours été dans le déni, comme les membres de sa famille, mis à part Boris Milat, le seul frère d'Ivan à avoir publiquement déclaré qu'il croyait en sa culpabilité. « Dès qu'il a eu dix ans, on pressentait qu'il tuerait quelqu'un. » a-t-il dit à la chaîne de télévision australienne Channel 7.

L'idée n'est pas de chercher dans ce chapitre des circonstances atténuantes à Ivan Milat - il n'en a aucune - mais de tenter de mieux cerner sa personnalité. Vu qu'il n'a pas fourni la moindre explication sur ses agissements, commençons par creuser dans son enfance.

Immigré croate établi en Australie dans les années 1920, Steven Milat (Stijphan Milat de son vrai nom), le père d'Ivan, était un homme bosseur et rugueux. Élevé à la dure et ayant connu la guerre en Europe, Steven Milat avait une conception stricte de l'éducation. Père de quatorze enfants, dont dix garçons souvent turbulents, il n'hésitait pas à les corriger (physiquement). Étant donné qu'il travaillait énormément pour nourrir sa progéniture, Steven était presque toujours absent du domicile familial. À la maison, c'est Margaret Milat, son épouse, qui s'occupait des enfants. Et il semblerait qu'elle faisait preuve d'un certain laxisme avec ses fils. Livrés à eux-mêmes, les frères Milat commettaient régulièrement des petits délits et, quand la police venait toquer à la porte des Milat pour leur demander des comptes, Margaret n'hésitait pas à mentir pour les protéger Elle expliquait que ses fils n'étaient pas chez elle. Signalons d'ailleurs que le mensonge paraît être une constante chez les Milat. Beaucoup de frères Milat se servaient de faux noms et de faux papiers. À titre d'exemple, le permis de conduire d'Ivan Milat en 1994 était au nom de

« Michael Milat ».

Ivan Milat s'est endurci tôt dans la vie. Du peu que l'on sait de son enfance, dans les années 1950, il aurait souffert d'une forme de racisme durant sa scolarité, du fait de ses origines yougoslaves. Ivan a arrêté l'école à 14 ans. C'est à cette période qu'il a commencé à commettre des petits larcins. À la maison, la vie n'était guère plus facile pour lui. Entouré de 13 frères et sœurs, il fallait qu'il s'affirme en permanence. Plus effacé que ses frères, Ivan s'est construit petit à petit une sorte de carapace, comme en témoigne sa musculature. Adepte du body-building, Ivan prenait soin de son apparence. Il ne sortait jamais de chez lui sans avoir les ongles et les cheveux impeccables.

Qu'il s'agisse de proches ou d'anciens collègues, tous ceux qui ont côtoyé Milat ont confirmé sa personnalité psychorigide. Le contrôle – notamment sur soi et son environnement - était essentiel chez Milat, qui menait une vie presque ascétique : travailleur acharné, il s'interdisait de boire une goutte d'alcool et de fumer. Pour vous donner un exemple révélateur de son inflexibilité : Milat ne pouvait boire son café que dans un mug blanc. Maniaque de la propreté, il passait son temps à laver sa voiture ou cirer ses chaussures. Ivan Milat était un véritable tyran domestique dans son couple. Il pouvait piquer une crise à la moindre saleté et devenir violent. C'est d'ailleurs pour cette raison que son épouse Karen a fini par le quitter.

On entend parfois dire qu'on ne naît pas mauvais mais qu'on le devient. Alors, comment Ivan Milat en est-il arrivé à commettre les atrocités de la forêt de Belanglo ? Nul ne le sait, mais il est avéré qu'il a connu au moins un traumatisme psychique durant son existence. En 1971, Milat a vécu un drame personnel. Sa plus jeune sœur, Margaret, est décédée dans un accident de voiture conduite par son frère Wally. Milat aurait perdu le peu de foi qu'il avait en Dieu à cette période. Est-ce que cet évènement, cumulé à d'autres, n'aurait pas provoqué un déclic chez lui ? Il est possible qu'il ait basculé dans la psychopathie à l'occasion de ce deuil, parce qu'il a commencé à agresser des femmes cette année-là.

Par ailleurs, un lien assez évident peut être établi entre la situation matrimoniale d'Ivan Milat et ses passages à l'acte. Milat a épousé Karen Duck en 1984. Cette dernière l'a quitté en 1987 en raison de sa brutalité. Le couple a divorcé en 1989 et c'est cette année-là que les *Backpacker Murders* ont démarré. Quand on examine les dates, on se rend compte que durant le mariage d'Ivan Milat, de 1984 à 1989, aucune disparition ni meurtre d'auto-stoppeur n'est à déplorer. C'est ce qu'on appelle une période blanche. En 1992, après le double meurtre de Caroline Clarke et Joanne Walters, Ivan Milat fait la connaissance de Chalinder Hughes qui va devenir sa petite amie. D'origine indienne, Chalinder était une amie de sa sœur Shirley Soire. Et, comme par hasard, les disparitions s'arrêtent. Pour schématiser : quand Milat est dans une relation sentimentale stable, les meurtres et disparitions cessent. Mais, lorsqu'il est célibataire, ils recommencent.

Combien d'autres victimes ?

Avant tout chose, revenons sur une étape importante dans le parcours criminel d'Ivan Milat : l'affaire de 1971 dans laquelle il avait été accusé d'avoir agressé deux auto-stoppeuses près de Sydney. Il avait été acquitté en 1974 grâce au savoir-faire de son avocat. Cette année-là, Milat avait échappé de justesse à une condamnation et il a pu en tirer un enseignement : ne plus laisser de témoin derrière lui. Voilà pourquoi il aurait commencé à tuer par la suite…

Après sa condamnation en 1996, Ivan Milat a été suspecté dans de nombreux autres dossiers de disparitions mystérieuses et de meurtres non élucidés partout en Australie. Près d'une soixantaine. Ils concernaient essentiellement des jeunes Australiens, mais aussi des voyageurs venus d'Europe, des États-Unis ou de Nouvelle-Zélande. Quinze d'entre eux s'étaient volatilisés en faisant de l'auto-stop. Milat n'est vraisemblablement pas responsable de tous ces crimes mais il fait office de suspect numéro un dans certaines affaires. Citons-en quelques-unes.

Affaires du Queensland (1972)

- *Robyn Hoinville-Bartram & Anita Cunningham*

Étudiantes infirmières âgées respectivement de 19 et 18 ans, Robyn Hoinville-Bartram et Anita Cunningham sont colocataires. En juin 1972, les deux amies partent de Melbourne avec leur matériel de camping. Leur intention est de se rendre en auto-stop à Bowen, une station balnéaire renommée du Queensland, à 2 400 km au nord. Par la suite, Robyn et Anita se volatilisent. Apparemment, elles ne sont jamais arrivées à destination.

Cinq mois plus tard, le 15 novembre 1972, le cadavre de Robyn est retrouvé sous un pont à Sensible Creek, à 80 km à l'ouest de Charters Towers (distant de 200 km de Bowen). Robyn a été abattue de deux balles dans la tête avec un fusil de calibre .22. Le corps d'Anita Cunningham ne sera, lui, jamais retrouvé. Les investigations de la police australienne n'ont pas abouti, néanmoins, un enquêteur a recueilli un témoignage intrigant. Une mère et sa fille auraient rencontré Robyn et Anita dans un hôtel de Pentland, à environ 40 km de Sensible Creek. Elles auraient même discuté ensemble au bar de l'établissement. Robyn et Anita leur auraient confié avoir voyagé en stop jusqu'à Pentland à bord du véhicule d'un homme surnommé « Cow-boy » et également connu sous le nom de Richard. Robyn et Anita leur auraient dit qu'elles comptaient rejoindre la ville de Charters Towers avec ce mystérieux conducteur. Malheureusement, elles n'ont jamais été revues vivantes.

L'ombre d'Ivan Milat (qui n'avait que 28 ans en 1972) plane sur ce dossier. Robyn et Anita ont disparu l'année suivant l'agression d'auto-stoppeuses pour laquelle Milat avait été inculpé. Les deux jeunes femmes étaient originaires de Melbourne, comme James Gibson et Deborah Everist, enlevées par Milat 17 ans plus tard. Et surtout, le mode opératoire du meurtre de Robyn est identique à celui des *Backpacker Murders* : une exécution de deux balles dans la tête, qui plus est, avec une arme à feu similaire (une carabine calibre .22). Selon les témoins de l'hôtel de Pentland, l'homme qui a pris les jeunes femmes en stop se faisait appeler « Cow-boy » et Milat se déguisait parfois en cow-boy si l'on en croit les photos retrouvées chez lui. Richard - l'autre surnom de l'inconnu - laisse songeur, car c'est précisément le prénom du frère d'Ivan.

- *Gabrielle Jahnke & Michelle Riley*

Le vendredi 5 octobre 1972, Gabrielle Jahnke et Michelle Riley, deux copines, quittent Brisbane en auto-stop pour aller faire fête sur la Gold Coast, 80 km plus au sud. Une semaine plus tard, le 13 octobre 1972, on trouve le corps sans vie de Gabrielle sur le bas-côté de la Pacific Highway, à Ormeau, à mi-chemin entre Brisbane et Surfers Paradise, à 45 km de leur lieu de départ. Le 23 octobre 1972, c'est le cadavre de Michelle Riley qui est découvert dans le bush, au bord d'une autre autoroute, près de Logan Village. Si les deux amies ont été retrouvées à environ 24 km l'une de l'autre, elles ont toutes les deux succombé à de graves blessures à la tête (fractures du crâne). Gabrielle ne portait plus de sous-vêtements et sa robe avait été relevée, suggérant une agression sexuelle. Même chose pour Michelle Riley, dont les habits avaient également été relevés. Les deux dépouilles avaient été cachées sous des branches. Là encore, on note des points communs avec les *Backpacker Murders*, notamment les fractures du crâne, les viols et la façon de camoufler les cadavres sous des branchages.

Affaires de Nouvelle-Galles du Sud (1978-1987)

- *Leanne Goodall*

Le 30 décembre 1978, Leanne Goodall, une ravissante jeune femme de 20 ans, est déposée à la gare de Muswellbrook par son frère. Elle prend un train à destination de Newcastle, une ville côtière dans la région de l'Hunter, au nord de Sydney. Après les fêtes de fin d'année, Leanne doit démarrer en février 1979 des études au Newcastle Technical College. À Newcastle, Leanne est vue pour la dernière fois au Star Hotel où elle loge. Ensuite, c'est le mystère total. Leanne n'a plus jamais donné de ses nouvelles et n'a été revue nulle part. Ce dossier de disparition est resté irrésolu. Même s'ils ne peuvent pas en apporter la preuve, les enquêteurs soupçonnent Ivan Milat d'avoir tué Leanne car, fin 1978 et début 1979, il travaillait dans le secteur sur l'autoroute Pacific Highway, et, hasard ou coïncidence, il a séjourné dans le même hôtel que Leanne Goodall, à Newcastle (le Star Hotel).

- *Robyn Hickie & Amanda Robinson*

Milat est considéré comme une personne d'intérêt dans plusieurs cas de disparitions d'adolescentes survenues au sein de la région de l'Hunter. Le samedi 7 avril 1979, Robyn Hickie, 18 ans, s'évapore dans la nature après avoir été vue en train d'attendre à un arrêt de bus sur la Pacific Highway, à Belmont North. Quinze jours plus tard, le samedi 21 avril 1979, c'est Amanda Robinson, une adolescente de 14 ans, qui disparaît de la surface de la Terre après être descendue d'un bus à Swansea. La police australienne enquête toujours sur ces deux dossiers.

- *Gillian Jamieson & Deborah Balkan*

Infirmières stagiaires de 20 ans, Gillian Jamieson et Deborah Balkan entretiennent des liens d'amitié et pratiquent parfois l'auto-stop. Le 12 juin 1980, Gillian et Deborah sont aperçues à 19 h 30 au bar de l'hôtel Tollgate à Parramatta, dans l'agglomération de Sydney. En début de soirée, Deborah téléphone à sa colocataire pour l'informer qu'elle et Gillian vont à une fête à Wollongong, sur la côte sud de la Nouvelle-Galles du Sud. Seulement, les deux copines n'en reviendront jamais. Une forte suspicion pèse sur Ivan Milat car, la dernière fois qu'elles ont été vues dans le bar de l'hôtel Tollgate, Gillian et Deborah étaient en train de parler avec un homme portant un chapeau de cow-boy noir à larges bords…

- *Peter Letcher*

Le 13 novembre 1987, Peter Letcher, un ouvrier du bois sans emploi de 18 ans, quitte la banlieue sud-ouest de Sydney pour aller en stop chez ses parents à Bathurst, 200 km plus à l'ouest. Il ne rejoindra jamais ses proches.

Environ deux mois plus tard, le 21 janvier 1988, deux randonneurs se promènent dans la forêt nationale de Jenolan, à 170 km à l'ouest de Sydney. Durant la balade, ils trouvent à 15 mètres d'un sentier, dans le bush, un corps décomposé dans un trou peu profond, recouvert de branches et de feuilles mortes. Il s'agit du cadavre de Peter Letcher. Peter ne porte plus que son jean et ses chaussures de sport. À proximité, on ramasse sa chemise et son pull, criblés de balles. L'autopsie indique que Peter, ligoté et les yeux bandés, a été poignardé à plusieurs reprises dans le dos avant de recevoir cinq balles de calibre .22 dans la tête.

Pour certains observateurs, l'assassinat de Peter Letcher est le premier de la série des *Backpacker Murders* car les ressemblances sont flagrantes. Pour mémoire, James Gibson et Deborah Everist ont disparu en décembre 1989. Il est intrigant de relever que 1987 est l'année où Karen Duck a quitté Ivan Milat. Le couple n'a divorcé que deux ans plus tard. La théorie de l'instabilité sentimentale évoquée auparavant se vérifie donc encore ici (aucune disparition ou crime n'est à déplorer entre 1984, l'année du mariage de Milat, et 1987, celle de sa rupture).

Quand on sait que le nom d'Ivan Milat est encore cité dans d'autres *cold cases*, on comprend mieux pourquoi il est vu comme le pire tueur en série australien et peut-être au monde. N'ayant jamais rien avoué (il n'en a pas eu le courage), Milat n'a, par conséquent, présenté aucune excuse aux proches de ses victimes et encore moins exprimé de remords. Cet homme a détruit tant de vies et causé tellement de souffrance que, si l'enfer existe, il doit maintenant y occuper une place de choix…

6.

LA DISPARITION DE PETER FALCONIO TERRITOIRE DU NORD 2002

Les faits

Nous sommes en novembre 2000 à Brighton, une station balnéaire au sud de Londres, en Angleterre. Peter Falconio et Joanne Lees sont deux citoyens britanniques de 28 et 27 ans. Originaires du Yorkshire de l'Ouest, ils entretiennent une relation amoureuse depuis quatre ans. Le couple vit ensemble à Brighton où Peter étudie à l'université locale. En novembre 2000, Peter et Joanne quittent le Royaume-Uni pour réaliser leur rêve : faire un tour du monde. L'Australie constitue leur dernière étape et ils ont prévu de se marier à Bora-Bora, en Polynésie française, avant de rentrer en Europe.

En janvier 2001, Peter et Joanne débarquent à Sydney avec un visa vacances-travail. Leur idée est de travailler quelques mois de manière à financer le reste de leur voyage. Joanne trouve un emploi dans une librairie et Peter est engagé par une entreprise qui installe du mobilier de bureau. Tous deux se plaisent à Sydney. Peter et Joanne sortent régulièrement boire un verre avec des amis après le travail, mais en juin 2001, l'envie les prend de changer d'air. Ils décident d'entreprendre un périple à travers l'Australie pour visiter l'Outback, l'arrière-pays semi-aride appelé aussi désert rouge, et rallier Darwin, à l'extrémité nord du pays. Pour explorer les terres australiennes, Peter et Joanne font comme beaucoup de jeunes couples de touristes : ils prévoient de circuler à bord d'un fourgon aménagé, plus précisément un Combi Volkswagen orange, assez ancien. Le Combi VW est un véhicule mythique. Depuis les années 1950, il est devenu le synonyme du road trip partout dans le monde.

Le 25 juin 2001, Peter et Joanne quittent Sydney et prennent la direction du sud. Ils passent à Canberra (la capitale), Melbourne dans l'État du Victoria, puis Adélaïde en Australie-Méridionale. Ils remontent ensuite vers le nord via la Stuart Highway. Ils pénètrent alors vraiment dans l'Outback, une zone immense et quasi vide au centre du pays. Les conditions de vie y sont très hostiles. Il y règne une chaleur écrasante et il n'y a guère que les aborigènes, les autochtones d'Australie, qui sont capables d'y survivre. Il faut savoir que l'essentiel de la population australienne vit sur les côtes. Pour Peter et Joanne, le voyage se déroule bien. Le soir, ils dorment à l'intérieur de leur fourgon, soit dans des campings, soit sur des aires de repos au bord de la route.

Le 11 juillet 2001, le couple visite le célèbre Uluru, un énorme monolithe en grès, site sacré des indigènes australiens. Il reprend ensuite la route jusqu'à Alice Springs, une ville retirée du Territoire du Nord, entre Adelaïde et Darwin. Peter et Joanne restent quelques jours à Alice Springs. Ils visitent les lieux et Peter en profite pour accomplir quelques tâches administratives. Pendant ce temps, Joanne consulte ses e-mails à la bibliothèque.

Le vendredi 14 juillet 2001, Joanne et Peter séjournent toujours à Alice Springs. Détail important : ils assistent à la Camel Cup, une course de chameaux populaire qui attire les foules chaque année, puis ils déjeunent dans un restaurant

Red Rooster, une chaîne de restauration rapide australienne spécialisée dans les recettes à base de poulet.

Vers 16 heures, le couple quitte Alice Springs à bord de son Combi VW pour rejoindre Devil's Marbles - les Billes du Diable -, un site très touristique du Territoire du Nord. Tandis que Joanne conduit, Peter lit un moment à l'arrière *L'Attrape-cœurs*, un roman de l'auteur américain J.D. Salinger, avant de s'endormir. Soit dit en passant, ce livre est tristement célèbre car David Chapman, l'assassin de John Lennon en décembre 1980, en portait toujours, paraît-il, une copie sur lui.

À 18 h 20, les deux Britanniques font un arrêt au relais routier de Ti Tree – le Ti Tree Roadhouse – situé à 194 km au nord d'Alice Springs. Là, ils achètent du carburant et fument un joint de cannabis en contemplant le coucher de soleil, spectaculaire dans le désert australien. À la nuit tombée, ils repartent sur l'autoroute Stuart. Peter est au volant et Joanne sur le siège passager.

Environ une heure plus tard, le couple passe à hauteur de Barrow Creek, un minuscule village à 109 km de Ti Tree. La population de Barrow Creek plafonne officiellement à 11 habitants. Il n'y a rien, à part un relais routier / hôtel.

Vers 19 h 30, Peter et Joanne sont en train de rouler tranquillement sur la Stuart Highway, lorsqu'à environ 11 km au nord de Barrow Creek, ils remarquent des phares éblouissants derrière eux. Peter ralentit pour permettre à l'autre automobiliste de le dépasser, mais ce dernier reste derrière lui.

Tout à coup, l'autre véhicule - un modèle à quatre roues motrices de couleur blanche - accélère et vient à leur hauteur. Son conducteur leur fait des signes, comme pour leur signifier un problème à l'arrière du Combi VW. Le couple songe à un ennui mécanique car ils en ont déjà eu avec leur fourgon, plutôt vétuste.

En observant par la vitre, Joanne voit un chien assis à côté de l'inconnu. Elle se sent nerveuse à l'idée de s'arrêter la nuit sur cette route isolée. Peter est, lui, « plus confiant, et peut-être macho » (dixit la jeune femme). Il ralentit et stoppe le Combi VW sur le bas-côté. L'autre véhicule fait la même chose. Peter dit à Joanne de l'attendre à l'intérieur et sort pour aller parler à l'autre conducteur. Durant ce temps, Joanne change de place et se glisse derrière le volant. De l'endroit où elle se trouve, elle entend Peter discuter avec l'autre automobiliste. Il dit notamment : « Vous avez vu des étincelles sortir du pot d'échappement ? » et aussi « *Cheers, mate.* » (« Merci, mon pote. »). Quelques instants plus tard, Peter revient et demande à Joanne de faire tourner le moteur. Il prend son paquet de cigarettes sur le tableau de bord, puis retourne derrière le fourgon. Joanne s'exécute. Elle tourne la clé de contact.

Aux alentours de 20 heures, tandis que Peter est toujours à l'arrière du Combi, Joanne entend soudain une détonation. Elle ne pense pas immédiatement à un coup de feu, plutôt un raté d'allumage, mais un homme portant une casquette apparaît subitement près d'elle à la fenêtre du fourgon. Sous la menace d'une arme de poing - un revolver argenté – il la fait se pencher en avant pour lui attacher les mains dans le dos avec des menottes artisanales (des serre-câbles en plastique noir). Terrifiée, Joanna hurle le nom de Peter, mais elle n'obtient aucune réponse de sa part. Peter a disparu. La jeune touriste nage en plein cauchemar. Seule au milieu de nulle part, personne ne va venir la secourir. Après l'avoir fait descendre, l'inconnu essaye de lui attacher les jambes et de lui mettre du ruban adhésif sur la bouche. Seulement, Joanne se débat. L'homme la frappe alors à la tête. Il la traîne ensuite par terre et la fait monter de force à l'arrière de son pick-up 4X4 blanc équipé d'un auvent sombre à l'arrière.

Selon toute vraisemblance, l'inconnu est en train de l'enlever. En état de sidération sur la plateforme arrière, Joanne réalise qu'elle risque non seulement de mourir, mais de se faire violer avant. Pour elle, c'est inacceptable. Son instinct de survie lui intime alors de s'enfuir et elle sort soudain de sa léthargie. Pendant que l'homme s'affaire à l'extérieur (il est possiblement en train de déplacer le corps de Peter), Joanne profite de ce moment d'inattention pour s'échapper. Elle saute du pick-up et part en courant dans le bush. La suite des évènements s'avère encore plus effrayante. D'après la Britannique, l'homme la traque dans l'obscurité avec une lampe torche et son chien, un animal brun et blanc de taille moyenne. Les mains toujours liées dans le dos, Joanne se cache comme elle le peut dans les buissons, à 30 mètres de la route et à environ 60 mètres du lieu de l'attaque. Selon ses dires, son agresseur la cherche un certain temps dans le noir et passe même trois fois à proximité d'elle. Par chance, il ne parvient pas à la localiser et finit par repartir à bord de son véhicule. Pendant plus de quatre heures, Joanne n'ose pas bouger de l'endroit où elle se trouve.

Le samedi 15 juillet, vers minuit trente, Joanne sort enfin de sa cachette. Elle rejoint à pied la Stuart Highway, peu fréquentée la nuit. À 0 h 35, Joanne aperçoit des phares au loin, ceux d'un *road train*, c'est-à-dire un énorme camion de transport routier traînant plusieurs remorques. Les *road trains* ont tout de monstres mécaniques en Australie. Joanne va sur la route et fait signe au camion de s'arrêter. Baptisé *« Bull's »*, l'engin est conduit par Vince Millar. Millar stoppe son véhicule et porte secours à Joanne, aidé de son copilote. Les deux hommes la nettoient et lui enlèvent ses menottes. Secouée et apeurée, Joanne leur explique ce qui s'est passé et les implore de l'aider à retrouver Peter. Quand il apprend que son assaillant possédait une arme à feu, Millar juge préférable de prévenir les autorités. Il transporte Joanne jusqu'au relais routier de Barrow Creek, au sud, où ils appellent la police vers 2 h 30 du matin.

Vers 4 h 20 du matin, des policiers de Ti Tree arrivent au relais routier de Barrow Creek où ils prennent en charge Joanne. Ils tentent de recueillir des preuves et des témoignages en compagnie de Millar, le chauffeur du camion.

À 7 heures, après le lever du soleil, les officiers se rendent sur les lieux supposés de l'attaque, pour chercher Peter, son agresseur présumé ainsi que son véhicule. Sur le périmètre, ils distinguent une mare de sang recouverte de terre au bord de la Stuart Highway. En explorant les alentours, ils découvrent le Combi VW, caché dans le bush à 80 mètres de la route. Peter Falconio est, quant à lui, introuvable. Hormis la flaque de sang, les enquêteurs trouvent peu de signes de lutte à l'endroit de l'attaque supposée. Sur le sol poussiéreux, ils relèvent les empreintes de Joanne, mais ni celles de Falconio, ni celles de son assaillant. C'est pour le moins étrange, parce que la police a demandé l'assistance de pisteurs aborigènes, qui connaissent l'Outback comme le creux de leur main, et ils n'ont rien repéré non plus. En d'autres termes, on ne dispose d'aucune preuve de la présence d'une tierce personne sur place. Un portrait-robot du suspect est établi grâce à la description donnée par Joanne. Âgé de 40 à 45 ans, il arbore de longs cheveux ébouriffés et une moustache à la mexicaine.

En parallèle des investigations, des barrages routiers sont dressés sur toutes les routes permettant de quitter l'État, aux frontières du Queensland, de l'Australie Méridionale et de l'Australie-Occidentale. Une véritable chasse à l'homme s'engage. Des patrouilles armées de police se lancent à la recherche de Peter et de son possible meurtrier. Des hélicoptères survolent les étendues arides du Territoire du Nord, dans l'espoir de déceler quelque chose depuis le ciel. Mais la tâche se montre ardue. Les forces de l'ordre doivent fouiller une zone grande comme deux fois la France. Autant chercher une aiguille dans une gigantesque botte de foin…

Au début de la semaine suivant la disparition de Peter Falconio, l'affaire commence à être médiatisée en insistant sur son côté sensationnel : Joanne Lees aurait survécu à une nuit de terreur, seule dans l'Outback. Les enquêteurs éprouvent une certaine perplexité face à ce fait divers. Les attaques de touristes de ce type sont effectivement rares et les preuves matérielles se révèlent ici plutôt maigres. Pour une partie du public, cette histoire paraît un peu trop incroyable pour être véridique. Dans l'arrière-pays australien, les gens font en général preuve de solidarité entre eux. Des journalistes commencent à s'interroger. Ils se demandent si Peter n'aurait pas simulé sa mort. Parce que la version des faits donnée par Joanne contient des trous et est parfois floue (description de l'agresseur, modèle de son véhicule, race de son chien, etc.). C'est possiblement dû au traumatisme vécu par la jeune femme, seulement, son attitude surprend également. Car elle rechigne à parler aux médias. Et la rescapée n'a pas l'air d'avoir traversé une épreuve aussi terrible qu'elle le prétend. Peter, son fiancé, a disparu et Joanne affiche une certaine froideur, voire de l'indifférence. De plus, un élément ne va pas arranger son image…

La police australienne va découvrir que, quelques jours après le drame, Joanne a échangé sur internet des e-mails avec un autre jeune homme en Australie : un informaticien anglais nommé Nick Reilly. Tous les deux entretenaient une liaison. Joanne et Reilly avaient même eu des relations intimes à Sydney, dans le dos de Peter. Dans leurs messages, les deux amants prévoyaient de se retrouver prochainement à Berlin, « une fois cette histoire terminée », selon leurs écrits. Et, hasard ou coïncidence, Nick avait quitté l'Australie au moment du meurtre de Peter Falconio. Joanne trompait ainsi Peter et elle comptait visiblement se consoler très vite après sa disparition. Rappelons que le couple devait se marier à Bora-Bora avant de rentrer en Grande-Bretagne. Cette incartade amoureuse ne fait pas de Joanne une meurtrière, toutefois, elle génère un doute sur ses déclarations. A-t-elle vraiment dit *toute* la vérité ? Joanne va reconnaître ultérieurement de manière publique avoir fait une erreur. Mais autant vous dire que cette aventure ne va pas calmer les rumeurs…

Les semaines passent, sans avancée dans l'enquête. Les autorités australiennes ne parviennent pas à localiser Peter Falconio. Il s'est envolé, comme son mystérieux assaillant. De leur côté, les experts de la police scientifique travaillent. Un indice potentiellement capital a été trouvé dans le dos du tee-shirt que portait Joanne lors de son agression : une tache de sang ne lui appartenant pas. Plus intéressant encore, un laboratoire génétique a analysé ce sang et isolé un profil ADN masculin qui ne correspond pas à celui de Peter Falconio. Cet ADN pourrait bien être celui de l'agresseur de Joanne, qui reste non identifié pour l'instant.

Ce sont maintenant les mois qui s'égrènent. Le gouvernement du Territoire du Nord offre une récompense de 250 000 dollars à quiconque fournira une information permettant de résoudre le dossier de la disparition de Peter Falconio. Pendant un an, les investigations piétinent, mais un rebondissement d'importance va survenir.

Fin août 2002, un homme est arrêté dans le cadre d'une affaire sordide en Australie-Méridionale : l'enlèvement et le viol d'une femme et de sa fille de 12 ans, à Swan Reach, un village à 170 km d'Adelaïde. Le suspect s'appelle Bradley John Murdoch. Âgé de 44 ans, Murdoch vit à Broome, une ville côtière d'Australie-Occidentale. Murdoch affiche un physique de colosse. Il mesure 1,96 m pour 105 kg. Et il n'est pas vraiment un saint. Il a un passé de délinquant et a déjà fait de la prison. Il a notamment été condamné en 1995 à 21 mois d'incarcération pour avoir tiré au fusil sur un groupe d'Aborigènes lors d'un match de football. Ancien ouvrier dans une ferme de bétail, et maintenant mécanicien / chauffeur de camion, Murdoch est en réalité un trafiquant de drogue. Il convoie régulièrement d'énormes quantités de cannabis à travers l'Australie.

À l'époque, les policiers en charge de l'affaire Falconio s'intéressent à Bradley John Murdoch pour trois principales raisons :

- L'homme qui a attaqué Joanne et Peter conduisait un véhicule pick-up quatre roues motrices blanc avec un auvent sombre à l'arrière. Et Murdoch est justement propriétaire d'un 4X4 Toyota Land Cruiser équipé d'un auvent ;

- Le suspect avait menacé Joanne avec un revolver et Murdoch est un obsédé d'armes. Lors de son arrestation, les policiers ont découvert à l'intérieur de son véhicule un vrai arsenal : un fusil à lunette calibre .308 pour des tirs longue distance, un pistolet semi-automatique Beretta calibre .38, près de 800 cartouches de munitions, un couteau, une arbalète, des lunettes de vision nocturne de fabrication russe et un aiguillon électrique servant à faire avancer les bovins…

- En août 2002, Murdoch s'était servi de serre-câbles en plastique noir pour kidnapper ses victimes en Australie Méridionale, et il leur avait attaché les mains dans le dos, exactement comme pour Joanne Lees. En outre, on a trouvé le même type de serre-câbles noirs dans le véhicule de Murdoch, ainsi que deux pelles à long manche. Si Murdoch voulait enterrer un corps dans le désert, il disposait des outils nécessaires.

Aux prémices de l'année 2003, Peter Falconio est présumé mort. La théorie d'une fuite volontaire convainc peu de monde. Force est de constater qu'il a sûrement fait l'objet d'un crime. Environ 2 500 personnes sont qualifiées de « personnes d'intérêt » dans ce dossier, cependant, les policiers du Territoire du Nord sont convaincus de tenir leur coupable en la personne de Bradley Murdoch. Ils pensent détenir une preuve irréfutable de sa responsabilité : l'ADN sanguin collecté sur le tee-shirt de Joanne Lees est bien le sien. Cette année-là, Murdoch passe devant la justice pour les faits commis en 2002 en Australie-Méridionale, et, contre toute attente, il est jugé innocent. Car, après avoir enlevé et violé ses victimes (une mère et sa fille), Murdoch les avait relâchées avec de l'argent. Et la mère - une prostituée - avait tardé à aller porter plainte. Murdoch ressort donc libre du tribunal, mais il est immédiatement de nouveau arrêté.

Le 14 novembre 2003, Bradley Murdoch se voit inculpé du meurtre de Peter Falconio. Les éléments à charge s'accumulent contre le trafiquant de drogue. Joanne Lees le reconnaît instantanément comme son agresseur. De plus, Murdoch était présent dans la région le week-end de l'attaque. Comme le couple de Britanniques, il a assisté à la Camel Cup à Alice Springs, le vendredi 14 juillet 2001. Il a même reconnu être allé dans le même restaurant Red Rooster que Joanne et Peter. Enfin, le samedi 15 juillet 2001, à 0 h 38, quelques heures après l'agression, un homme ressemblant à Murdoch a été filmé par une caméra de vidéosurveillance dans une station-service Shell à Alice Springs. L'individu a acheté du carburant, de la glace et un café glacé. Sur les images, on ne reconnaît pas formellement Murdoch, néanmoins, il pourrait s'agir de lui, surtout qu'il possède un véhicule analogue. Pour les hommes de loi, la présence de Murdoch à cet endroit est cohérente avec ses déplacements. Après l'attaque sur la Stuart Highway, il serait reparti vers le sud. Il aurait fait le plein d'essence à Alice Springs avant de traverser le désert de Tanami, en direction du nord-ouest, pour rentrer chez lui, à Broome.

Lors de son procès programmé fin 2005, Murdoch a bien l'intention de plaider non coupable. Niant être l'agresseur de Joanne Lees, il se défend aussi d'être impliqué dans la disparition de Peter Falconio. Il déclare être rentré chez lui en évitant les barrages - via le désert de Tanami - car il transportait une cargaison de drogue. Et s'il était armé, c'était juste pour se défendre contre les autres dealers. Au sujet de son ADN dans le dos du tee-shirt de Joanne, l'accusé avance une explication : il y a peut-être eu un transfert d'ADN vu qu'il a fréquenté le même restaurant Red Rooster qu'elle. En tant que mécanicien, Murdoch présentait souvent des écorchures aux mains. Dès lors, il aurait pu laisser de son sang dans le restaurant, sur le dossier d'une chaise, par exemple.

Le 17 octobre 2005 s'ouvre à Darwin le procès de Bradley Murdoch devant la Cour suprême du Territoire du Nord. Il est accusé d'avoir assassiné Peter Falconio le 14 juillet 2001 près de Barrow Creek. Et d'avoir, par la même occasion, privé de sa liberté et agressé Joanne Lees, ce qui constitue des circonstances aggravantes. En ce qui concerne le mobile des actions de Murdoch, l'accusation privilégie une théorie. En plein convoyage de drogue, Murdoch, lui-même sous influence de produits stupéfiants, serait devenu paranoïaque au sujet du couple de Britanniques après les avoir aperçus plusieurs fois sur la Stuart Highway. Il aurait alors cherché à les éliminer.

Même si la majorité des preuves contre Bradley sont indirectes et de nature circonstancielle, l'ADN a parlé : l'accusé a bien été en contact d'une manière ou d'une autre avec Joanne Lees compte tenu de la tache de sang constatée sur son tee-shirt. Par ailleurs, on aurait aussi trouvé un échantillon infime de l'ADN de l'Australien sur les serre-câbles en plastique noir ayant servi de menottes, ainsi que sur le levier de vitesse du Combi VW du couple.

Le 13 décembre 2005, Bradley John Murdoch est reconnu coupable du meurtre de Peter Falconio et de la tentative d'enlèvement sur Joanne Lees. Il est condamné à une peine d'emprisonnement à perpétuité, avec une période de 28 ans sans possibilité de libération conditionnelle. Après le verdict, Joanne implore Murdoch de révéler le lieu où se trouve le corps de Peter. En vain. Murdoch est incarcéré dans le centre correctionnel de Darwin. Par la suite, ses avocats tenteront de faire appel de sa condamnation, mais toutes leurs demandes seront rejetées.

En 2006, Joanne Lees écrit *No Turning Back*, un livre sur sa vie dans lequel elle évoque sa jeunesse difficile. Elle raconte comment elle a été élevée seule par sa mère, après que son père australien l'a quittée. En 2017, elle révèle qu'elle a une demi-sœur australienne nommée Jessica McMillan, qui a huit ans de moins qu'elle. « Je me sens moins seule dans le monde. » a déclaré Joanne qui a perdu sa mère en 2002.

En novembre 2019, on apprend que Bradley Murdoch, toujours en prison, est atteint d'un cancer. Il nie toujours toute implication dans le meurtre de Peter Falconio.

Aujourd'hui, Joanne Lees vit en Australie, où elle travaille comme assistante sociale. À propos de l'affaire de la disparition de Peter Falconio, Joanne pense que ses restes peuvent encore être retrouvés. Elle a d'ailleurs pour projet de faire ériger une statue à la mémoire de Peter – un faucon en bronze – à Ti Tree, l'endroit où ils avaient admiré ensemble le coucher de soleil, quelques heures avant la tragédie.

Commentaires et analyses

Dans cette affaire, la justice a été prononcée. Bradley Murdoch a été condamné « au-delà d'un doute raisonnable ». Selon toute apparence, l'intéressé était bien coupable. Cela dit, le dossier est plus complexe qu'il n'en a l'air. Certains affirment même aujourd'hui que Murdoch aurait été condamné à tort. Serait-il victime d'une terrible erreur judiciaire ? Avant d'étudier cette question, il convient de mentionner deux hypothèses.

La piste Joanne Lees

Joanne aurait-elle joué un rôle dans la disparition de son ancien petit ami ? Des gens se sont interrogés en raison de son comportement, de sa liaison adultère et de son témoignage parfois un peu vague. Mais comme l'a dit un commentateur, « elle ne prenait pas de notes » au moment de l'agression. A priori, Joanne n'est pas responsable de la mort de Peter, néanmoins, elle n'a peut-être pas dit toute la vérité. Nous en reparlerons plus tard.

Une disparition mise en scène ?

Et si Peter Falconio avait orchestré sa propre disparition ? D'après la presse, un informateur anonyme aurait indiqué à la police qu'avant de partir pour son voyage en Australie, Peter se serait renseigné sur les polices d'assurance-vie et les moyens par lesquels la mort pouvait être simulée. Selon un ex-collègue de travail et ami de Falconio, ce dernier aurait pu feindre d'être mort dans l'optique d'encaisser une police d'assurance-vie. Ce cas de figure semble très improbable pour plusieurs raisons : mettre en scène sa disparition dans telles circonstances – au bout du monde, en plein désert et la nuit – est très compliqué. Pour Peter, il existait des moyens plus simples de « se volatiliser » volontairement. Et comment aurait-il fait pour fuir l'Australie et vivre sous le radar pendant 20 ans ? Son visage est connu. Phénomène courant dans ce genre d'affaires, quelques témoins ont rapporté l'avoir vu, mais il s'agit vraisemblablement d'erreurs d'identification. Donnée primordiale : une grosse flaque du sang de Falconio a été trouvée au bord de la Stuart Highway, ce qui tend à prouver qu'il a bien été victime d'un homicide à cet endroit.

Les zones d'ombre entourant le dossier

La justice australienne a tranché : Bradley Murdoch a pris la vie de Peter Falconio au cours d'un violent assaut dans l'Outback une nuit de juillet 2001. Seulement, beaucoup de points ne collent pas dans cette histoire :

- Pourquoi aucune empreinte de Murdoch ou de Falconio n'a-t-elle été trouvée sur les lieux du crime ? Idem pour le chien de l'agresseur, prétendument présent avec lui au moment des faits. Seules les traces de pas de Joanne ont été relevées sur place. Elles sont pourtant aisément repérables dans la poussière du désert. On a du mal à croire que Murdoch ait réussi à toutes les effacer. Surtout que même les pisteurs aborigènes, à l'œil aiguisé, ont été tenus en échec.

- Selon les dires de Joanne Lees, son agresseur l'aurait traquée dans le bush avec son chien et Bradley Murdoch avait effectivement un Dalmatien. D'après les spécialistes, cette race de chien, utilisée pour la chasse, est pourvu d'un excellent flair. Le Dalmatien serait capable de poursuivre le gibier sur une longue distance. C'est pourquoi il est étonnant que, dans le cas qui nous préoccupe, l'animal n'ait pas permis à son maître de localiser la jeune femme qui ne se cachait qu'à 30 m de la route.

- L'assaillant de Joanne l'a fait monter à bord de son véhicule, or pas un seul poil de chien n'a été trouvé sur les vêtements de l'Européenne.

- Le portrait-robot de l'agresseur de Joanne Lees ne ressemble pas tellement à Murdoch. L'inconnu portait de longs cheveux ébouriffés et une moustache à la mexicaine. La police a toutefois précisé que Murdoch modifiait régulièrement son apparence afin de passer inaperçu.

- Murdoch n'a pas été formellement identifié sur les images de vidéosurveillance enregistrées quelques heures après l'attaque dans une station-service d'Alice Springs. Pour certains, ce n'est pas lui.

- Murdoch était un géant surarmé. On comprend difficilement pourquoi il aurait eu peur d'un jeune couple de routards.

- Un dealer transportant dans son véhicule près de 9 kg de cannabis (comme le faisait souvent Murdoch) et désireux de circuler discrètement, prendrait-il le risque de s'en prendre à un couple de touristes étrangers sur une autoroute ? Même s'il y a peu de trafic la nuit sur la Stuart Highway, il risquait de se faire surprendre à tout moment.

Sur la base de ces éléments, certains clament haut et fort que Murdoch est innocent. Ils exigent un nouveau procès, ce que refusent pour l'instant les autorités australiennes. Trois témoignages ont pourtant jeté un doute supplémentaire sur la culpabilité réelle de Murdoch.

Le témoignage de Vince Millar

Le routier qui a sauvé Joanne s'est souvenu que, juste avant de lui venir en aide, il aurait remarqué une voiture rouge immobilisée au bord de l'autoroute avec, à côté, deux hommes en encadrant un troisième. « J'ai vu ce type qui ressemblait à de la gelée. », a dit Millar. « Il était au milieu de deux mecs. » Le chauffeur de poids lourd s'est arrêté pour leur demander si tout allait bien, mais les individus seraient montés dans leur voiture et auraient filé. « Je suis à peu près sûr que le type au milieu était Peter Falconio. » a déclaré

Millar. « Si c'est le cas, il est possible que Falconio ait survécu. » a-t-il ajouté.

Le témoignage de Greg Dick

Propriétaire de l'Aileron Roadhouse, un relais routier à 60 km au sud de Ti Tree, Greg Dick a certifié avoir rencontré Joanne et Peter le 14 juillet 2001. Leur Combi VW était garé sur le parking. Il leur aurait même servi des sandwiches et du café. Et ce n'est pas tout : il aurait même vu Joanne parler dehors pendant plusieurs minutes avec un homme à l'apparence négligée. C'était « une personne qui pouvait vivre dans le bush. » a expliqué Dick. Et cet individu avait un chien. Le gérant de l'Aileron Roadhouse se souvient même que cet homme avait acheté une tourte à la viande pour son animal. Et Dick est assuré d'une chose : cet individu n'était pas Murdoch. « Je pense toujours qu'ils ont emprisonné le mauvais gars. » a déclaré Dick au *New Zealand Herald* le 10 décembre 2016.

Le témoignage de Phil Cook

Un chauffeur routier nommé Phil Cook aurait, comme Dick, attesté de la présence de l'homme mystérieux. Il aurait même discuté avec lui au bar de l'hôtel de Barrow Creek à la mi-juillet 2001. L'inconnu campait dans les parages, non loin du lieu de l'attaque du couple de Britanniques. À l'instar de Dick, Cook croit que cet Australien rugueux pourrait être le tueur de Peter Falconio. Au cours de leur échange verbal, il lui aurait dit qu'il comptait se rendre ensuite dans le parc national de Davenport Range, à 117 km à l'est de Barrow Creek. Très vaste, la zone contient de nombreux puits de mines où l'on pourrait se débarrasser d'un corps…

En plus de ces témoignages, un autre problème doit être soulevé.

La question de l'ADN

Dans cette affaire, la condamnation de Murdoch repose essentiellement sur l'ADN. Seulement, des experts ont émis de sérieux doutes sur la fiabilité de ces preuves scientifiques.

- Le médecin légiste Brian McDonald a, par exemple, déclaré qu'on aurait normalement dû trouver l'ADN de Murdoch *partout* après l'attaque : sur les vêtements de Joanne Lees et à l'intérieur du Combi VW. Or, on n'en a détecté que dans la petite tache de sang laissée sur le tee-shirt de l'Anglaise.

- L'ADN isolé par un laboratoire génétique sur les serre-câbles était ce qu'on appelle des « mélanges complexes de bas niveau ». On a détecté une quantité infinitésimale de l'ADN de Murdoch et la technique utilisée par le laboratoire génétique était controversée à l'époque. Pire, d'autres ADN étaient présents sur les serre-câbles. On a même retrouvé l'ADN du directeur du laboratoire, Peter Thatcher. Autrement dit, il y a eu contamination d'ADN. Et ce n'est pas la seule erreur grossière commise dans ce dossier. Selon le *Daily Mail*, la commissaire de police Colleen Gwynne aurait apporté avec elle les serre-câbles lors d'une visite rendue à Murdoch en 2002 à la prison de Yatala en Australie-Méridionale. Ce qui laisse planer l'éventualité que l'accusé ait été en contact avec cette importante pièce à conviction *après* son arrestation.

Pour tous ces motifs, la preuve des serre-câbles aurait théoriquement dû être irrecevable devant un tribunal.

<u>Les éléments qui font pencher la balance</u>

Après avoir énuméré les arguments des défenseurs de Murdoch, force est de reconnaître que des zones d'ombre subsistent, néanmoins, la balance a tout de même tendance à pencher vers la culpabilité. Les coïncidences s'avèrent un peu trop nombreuses. Murdoch était présent dans la région au moment de l'agression. Il a fréquenté les mêmes endroits que les victimes. Lui et son véhicule correspondent à la description du suspect. Murdoch avait un passé criminel et était armé. De plus, son ADN a été prélevé sur le tee-shirt de Joanne Lees. Le trafiquant de drogue a mis en avant l'idée d'un transfert d'ADN car ils ont mangé dans le même restaurant Red Rooster, le 14 juillet 2001. Mais, du point de vue des probabilités, quelle était la chance pour que Joanne s'assoie sur le même siège que Murdoch, où il aurait justement laissé un peu de son sang ?

L'objectivité nous incline à valider la thèse d'une responsabilité de Murdoch qui a supposément bénéficié de l'aide d'un complice. Souvenez-vous du témoignage de Vince Millar au sujet de deux hommes en train d'en encadrer un troisième, au bord de la Stuart Highway. Quant à l'identité du partenaire de crime de Murdoch, il n'est sans doute pas nécessaire d'aller chercher bien loin. Il est connu qu'au début des années 2000, Murdoch travaillait régulièrement avec un trafiquant de drogue néo-zélandais nommé James Hepi. Interpellé fin 2001 pour trafic de stupéfiants, Hepi avait, par un « curieux hasard », dénoncé Murdoch, justement dans l'affaire Falconio. Le Néo-Zélandais avait proposé ce tuyau en échange d'un allègement de peine et aussi éventuellement pour toucher la récompense de 250 000 dollars offerte à l'époque. Au cours du procès de 2005, Murdoch a été confronté à son ex-complice. Il l'a accusé, non seulement de mentir, mais aussi de lui avoir mis le meurtre de Falconio sur le dos. Les deux hommes se sont copieusement insultés à ce sujet lors des audiences.

Seul ou non, Bradley Murdoch a participé à coup sûr à la disparition de Falconio. Deux témoignages ne font que renforcer cette hypothèse :

- *Le récit de son ancienne compagne*

Beverley Allen, compagne de l'époque de Murdoch, a révélé que, lorsqu'il était rentré à Broome le lundi 16 juillet 2001, après le week-end fatidique, l'homme était très tendu et stressé. « Il avait dû revenir par un autre chemin. » a déclaré Allen. Détail accablant : Murdoch lui aurait dit qu'il était « suivi et qu'il s'était occupé de cela. » Cette phrase alimente la théorie selon laquelle, dans un état paranoïaque aggravé par la drogue, le trafiquant s'en serait pris au couple de Britanniques.

- *Les déclarations de ses victimes de l'été 2002*

Pour mémoire, Murdoch avait été inculpé en août 2002 dans une affaire d'enlèvement et d'agression sexuelle sur une mère et sa fille, en Australie-Méridionale. En 2003, il avait été innocenté pour ces faits, mais il aurait fait des confidences à ses victimes pendant leur séquestration. Il faut reconnaître qu'en août 2002, l'état psychologique de Murdoch s'était beaucoup dégradé. Consommant du thé aux amphétamines, le dealer fumait énormément de cannabis. Murdoch aurait confié à ses prisonnières être en fuite, parce que la police l'avait piégé. Voilà pourquoi il les avait kidnappées. À l'entendre, la femme et sa fille étaient une « assurance », possiblement car il sentait que la police remontait à lui dans l'affaire Peter Falconio…

En conclusion, la condamnation de Bradley Murdoch paraît justifiée dans ce dossier. Concernant Joanne Lees, elle n'a rien à voir dans la mort de Peter, cependant, elle n'a peut-être pas dit toute la vérité. À titre d'exemple, elle a toujours nié s'être arrêtée avec lui à l'Aileron Roadhouse, malgré les déclarations de Greg Dick, le propriétaire du relais routier qui est, lui, catégorique.

Il est sûr que Peter Falconio a été victime d'un homicide le 14 juillet 2001, mais les circonstances posent toujours question. Les faits se sont vraisemblablement passés d'une façon différente. Il est établi que le couple de touristes a fumé un joint au relais-routier de Ti Tree, quelques heures avant l'attaque. Voulant acheter, par exemple, un peu plus de résine de cannabis, aurait-il eu une embrouille avec un dealer du coin ? Voire avec Bradley Murdoch, qui sait ? Peter et Joanne auraient essayé de s'enfuir sur la Stuart Highway, avant d'être rattrapés 120 km plus loin. Il y aurait alors eu règlement de comptes sur l'autoroute…

Dernier scénario, plus basique mais, somme toute, plausible. Il ne s'agit aucunement d'une histoire de drogue. Bradley Murdoch en avait peut-être tout simplement après Joanne, qu'il aurait repérée à Alice Springs. On a dit que les différents protagonistes ne s'étaient pas rencontrés avant l'agression. D'accord, mais étant donné que le couple et le trafiquant australien ont fréquenté les mêmes lieux (Red Rooster, Camel Cup) à la même période, ils ont pu se croiser. Alice Springs est une ville peu étendue, sa population tourne autour de 25 000 habitants. En voyant Joanne, Murdoch aurait pris la décision de l'enlever. Ou alors, il aurait « flashé » sur elle tandis qu'elle conduisait le Combi VW, le 14 juillet 2001 en début d'après-midi. Sachant que Peter dormait à l'arrière, Murdoch aurait cru au début qu'elle voyageait seule. Il aurait décidé de suivre le fourgon orange, facilement reconnaissable, avant de les attaquer dans un lieu isolé.

Pour clore ce chapitre, signalons que l'affaire Falconio a été une source d'inspiration pour Greg McLean, le réalisateur australien du film *Wolf Creek*, mais dans une moindre mesure que les *Backpacker Murders.* Hasard du calendrier ou pas, le long-métrage a débarqué sur les écrans du monde entier en 2005, l'année du procès de Bradley Murdoch. Mais, dans le Territoire du Nord, la sortie du film a été reportée après le procès. Les avocats craignaient, en effet, que *Wolf Creek* ne porte préjudice à la sérénité des débats. En plus d'être des fondus d'armes, Murdoch et Milat partagent un autre point commun important : ils n'ont jamais avoué leurs crimes.

7.

CAUCHEMAR À LITCHFIELD TERRITOIRE DU NORD 2002

Les faits

Nous sommes le 31 août 2002, dans le Parc national de Litchfield, à seulement 116 km au sud de Darwin, la capitale de l'État du Territoire du Nord.

Moins connu que son voisin (le célèbre Parc national de Kakadu qui attire la majorité des touristes), celui de Litchfield n'en reste pas moins exceptionnel de beauté. S'étendant sur une surface de 1 458 km², il a notamment pour avantage d'offrir des bassins d'eau douce, où les visiteurs peuvent se baigner en toute sécurité. Car si l'endroit est le paradis de la faune et de la flore, les crocodiles le boudent à la saison sèche. Prisé des randonneurs et des campeurs, le Parc national de Litchfield vaut le détour. On comprend donc aisément pourquoi Eva Obermeyer, une touriste allemande, a décidé de le visiter avec sa fille à la fin de l'été 2002. Âgée de 50 ans, Eva Obermeyer exerce la profession de psychologue à Nuremberg, en Allemagne. Sarah, sa fille de 16 ans, est, quant à elle, lycéenne.

Le samedi 31 août 2002, les Obermeyer, qui circulent en voiture de location, s'émerveillent devant les cascades et les termitières géantes de Litchfield. Elles profitent également des joies de la baignade. Seulement, la journée va prendre une sombre tournure...

En fin d'après-midi, Eva et Sarah admirent le coucher de soleil près de Tolmer Falls, une chute à l'ouest du parc. Fin août, les lieux se révèlent peu fréquentés, mais, vers 19 heures, tandis qu'elles reviennent en marchant à leur véhicule, un Australien en surpoids d'une trentaine d'années s'approche d'elles. Portant un chapeau Akubra, couvre-chef typique du pays, l'homme est d'un abord jovial. Il tente d'entamer la conversation avec les Allemandes, mais ces dernières se méfient de lui. Il semblerait qu'elles aient vu juste, car l'homme sort soudain un pistolet semi-automatique Glock calibre .40 et menace de les abattre si elles ne leur donnent pas tout leur argent. Et l'inconnu paraît sérieux. Il tire même un coup de feu en l'air en guise d'avertissement. Eva s'exécute promptement. Elle remet à l'inconnu près de 650 dollars en espèces, des chèques de voyage, ainsi que ses cartes de crédit. Obermeyer pense en avoir fini avec le malfaiteur, mais c'est loin d'être le cas.

Le cauchemar ne fait que commencer, parce que l'homme les force à le suivre. Il les fait entrer dans le bush et, prétextant avoir besoin de temps pour s'échapper, les attache toutes les deux au tronc d'un eucalyptus avec des serre-câbles. Mille pensées traversent alors l'esprit d'Eva et Sarah. Il ne va tout de même pas les abandonner en pleine nature. Elles risquent de mourir de faim et de soif, sans compter que rôdent des animaux sauvages et des reptiles. Après avoir attaché les Européennes, l'individu s'assoit près d'Eva et lui fait une confidence terrifiante : « J'aimerais avoir des relations sexuelles avec ta fille. Qu'en penses-tu ? » lui dit-il. L'inconnu lui demande ensuite plusieurs fois l'âge de Sarah. « Je veux coucher avec ta fille, c'est pour ça que je vous ai choisies. » ajoute-t-il. « J'ai vu ta fille, je t'ai vu sans homme, je t'ai regardée. » De toute évidence, il les a espionnées tandis qu'elles se baignaient seules dans les bassins naturels de Litchfield.

À mesure que les secondes s'écoulent, Eva Obermeyer se sent de plus en plus effrayée. En fait, elle a surtout peur pour sa fille. En tant que psychologue, elle connaît les dégâts psychiques causés par les viols. Nombre de jeunes filles abusées ont vu leur vie détruite. L'homme à qui elle a affaire est dangereux, Eva le sait. Il se renseigne sur Sarah, veut connaître son âge et savoir si elle est vierge et a un petit ami. Utilisant ses compétences en matière de psychologie, Eva opte pour le mensonge. Elle lui répond que Sarah n'a que douze ans et, par conséquent, aucun petit ami. Ce qui provoque une hésitation chez l'Australien. À deux reprises, il veut emmener Sarah avec lui et laisser sa mère sur place. Mais Eva lui dit qu'elle préfère mourir plutôt que de le laisser prendre sa fille. « Elle n'a que douze ans. Je ne peux pas la laisser partir avec vous. Vous devrez me tuer. » lui lance-t-elle en guise d'argument ultime, comme l'a révélé le journal *The Age*. Il semblerait que l'Allemande soit convaincante, car l'homme retrouve apparemment la raison. Il reconnaît que Sarah est trop jeune et finit par repartir en laissant ses victimes attachées à leur arbre. Le calvaire des touristes allemandes va durer encore cinq heures.

Aux alentours de minuit, Eva Obermeyer parvient à se libérer les mains et détache ensuite sa fille. Toutes deux tentent de revenir en marchant à leur voiture. Elles escaladent une crête, avant de se rendre compte qu'elles sont perdues. Incapables de s'orienter dans l'obscurité, elles préfèrent attendre finalement le lever du soleil. À l'aube, Eva et Sarah rejoignent une piste en terre qu'elles suivent jusqu'à l'endroit où était garé leur véhicule. Seulement, elles constatent que les pneus sont à plat, crevés par leur assaillant. On apprendra plus tard qu'il a également saboté un téléphone public d'urgence du parc national, pour les empêcher de réclamer une aide extérieure. Par chance, les Européennes rencontrent deux touristes qui leur portent assistance. Les Obermeyer préviennent la Police du Territoire du Nord qui envoie sans tarder plusieurs officiers sur place. Les deux Allemandes ne présentent aucune blessure, toutefois, elles sont profondément choquées.

Les forces de l'ordre lancent une alerte publique concernant un suspect « présumé armé et dangereux » et bouclent aussitôt le Parc national de Litchfield, au cas où il s'y serait caché. Craignant qu'il ne conduise une voiture volée et n'ait tué pour l'obtenir, les représentants de la loi demandent aux gens de ne pas l'approcher. À cette période, le nom de Bradley John Murdoch est sur toutes les lèvres. Soupçonné d'avoir attaqué des touristes britanniques près de Barrow Creek, il est même un temps considéré comme une personne d'intérêt dans ce dossier, néanmoins, il va vite être blanchi. En effet, Murdoch a été arrêté le 22 août pour l'enlèvement et le viol d'une mère et sa fille en Australie-Méridionale, soit une semaine avant l'assaut du Parc national de Litchfield. L'identité de celui qui a ligoté les touristes allemandes demeure un mystère, mais guère pour très longtemps…

Le mardi 3 septembre 2002, les policiers de Broome, en Australie-Occidentale, contactent leurs collègues du Territoire du Nord pour leur livrer un nom : celui de Matt Page.

Âgé de 31 ans, Page est un homme corpulent et ventru originaire d'Hervey Bay, dans l'État du Queensland. Barbu, il a les cheveux bruns et courts. Ancien professeur dans un établissement d'enseignement technique, Page n'a jamais fait parler de lui auprès de la justice. Aussi surprenant que cela puisse sembler, il a même failli intégrer les forces de l'ordre. Page avait réussi la plupart des tests de sélection de la police du Queensland, y compris les tests psychologiques. Pour être accepté, il ne lui restait plus qu'à perdre du poids, améliorer ses compétences en informatique et apprendre les premiers secours. Sans casier judiciaire, rien ne le prédestinait à agresser des touristes, mais, pour une raison inconnue, il a déraillé au cours de l'été 2002.

Les forces de police australiennes connaissent Matt Page depuis le 13 juillet 2002 pour des faits survenus à Maryborough, une ville du sud-est du Queensland, à 256 kilomètres au nord de Brisbane. Ce jour-là, Page a volé un Toyota Land Cruiser Série 100 bleu à sa propriétaire, Suellen Pitt, pendant qu'ils effectuaient un essai routier ensemble. Page avait profité que Mme Pitt soit descendue du véhicule, lors d'un arrêt temporaire, pour s'enfuir avec. Mme Pitt avait porté plainte en indiquant le nom de son voleur, parce que Page lui avait communiqué sa véritable identité. Selon Mme Pitt, l'individu était très calme et elle ne s'attendait pas à ça. Par la suite, les policiers avaient recherché en vain le Land Cruiser volé. Ils avaient présumé que Page avait changé les plaques d'immatriculation d'origine du véhicule (357 EZM). Une alerte nationale avait été lancée pour localiser le Land Cruiser. Équipé d'un pare-buffle, de projecteurs et d'amortisseurs jaunes distinctifs, il était reconnaissable. Pourtant, Page avait réussi à passer entre les mailles du filet. Repéré pour la dernière fois près de Broome, entre le 21 et le 25 août 2002, il avait disparu dans la nature avant de commettre un acte d'une gravité extrême dans le Parc national de Litchfield.

Plus les autorités se renseignent sur Matt Page, plus l'inquiétude grandit. Car l'individu, qui souffrirait d'une grave dépression, est membre de la Sporting Shooters Association of Australia, un organisme de tir sportif qui défend aussi les intérêts des propriétaires d'armes à feu. Titulaire d'une licence de tir, Page a le droit de posséder des armes. Il est avéré qu'il s'est servi d'un pistolet semi-automatique Glock calibre .40 à Litchfield et on pense qu'il détient également plusieurs fusils à haute puissance. La police du Territoire du Nord émet un avis de recherche concernant Matt Page en dévoilant sa photo.

Le mercredi 4 septembre 2002, Rod Page, le père du Matt, un géologue universitaire de Canberra, arrive à Darwin avec son autre fils Brad dans l'objectif de prêter assistance aux pouvoirs publics, lesquels présument que le suspect se cache quelque part dans le bush. Sa famille envisage qu'il a peut-être peur de se rendre. Lors d'une conférence de presse, Rod Page s'adresse publiquement à son fils en cavale et l'implore de ne blesser personne, à commencer par lui-même, et surtout de se rendre sans heurts à la police. Au préalable, il l'a assuré que sa famille l'aimerait toujours et l'aiderait à surmonter cette épreuve. Brad Page, 29 ans, s'adresse à son frère aîné. Accordant sa confiance à la police, il l'assure qu'elle fera tout en son pouvoir pour éviter une confrontation armée avec lui.

Les jours suivants, le fugitif demeure introuvable. Mais une semaine après l'attaque du Parc national de Litchfield, il va refaire parler de lui.

Pour Felicity, le dimanche 8 septembre 2002 est presque une journée comme les autres. Âgée de 30 ans et mère de deux enfants, Felicity travaille comme agent de santé dans un service de soins aux personnes âgées de Maningrida, une communauté aborigène de 2 000 âmes. Située à 510 km à l'est de Darwin et à 266 km au nord-est de Jabiru, Maningrida est au cœur de la région isolée de la Terre d'Arnhem, en Territoire du Nord. Ce matin-là, Felicity est allée à Darwin chercher des fournitures professionnelles avec deux collègues infirmiers, nommés Leonie et Stuart. Vers 15 heures, les trois employés sont sur le chemin du retour à bord de leur Toyota Troop Carrier. Et tandis qu'ils roulent en plein désert, à l'est d'Oenpelli, ils aperçoivent un individu debout au milieu de la route. Felicity n'a d'autre choix que de s'arrêter. Après leur avoir demandé de l'aide, car son véhicule est en panne d'essence, l'individu produit une arme de poing et grimpe à l'arrière du Troop Carrier. Il ordonne à la conductrice de faire demi-tour et de repartir en direction d'Oenpelli, à l'endroit où il a laissé sa voiture. À cet instant, Felicity et ses collègues comprennent qu'ils ont affaire à celui qui fait l'objet d'une chasse à l'homme dans la région. Page – car c'est bien lui – ne les menace pas vraiment de mort, toutefois, il agite souvent son pistolet en tenant des propos vaguement menaçants, comme quoi il ne faut pas chercher à « le baiser ». Felicity obéit sans faire d'histoire. Page lui promet qu'il les laissera partir une fois son véhicule atteint, mais il exige qu'ils lui accordent une longueur d'avance de trois heures avant de prévenir la police. Felicity et les deux infirmiers ne savent pas trop quoi en penser. Doivent-ils croire sur parole cet homme à l'esprit visiblement perturbé ? Felicity fait alors montre d'une grande intelligence émotionnelle. Tout en conduisant, elle parle à Page d'une manière posée et fait preuve d'empathie à son égard. « Vous avez dû vivre un gros stress après ce qui s'est passé au Parc national de Litchfield » lui dit-elle. Elle ajoute que beaucoup de gens s'inquiètent pour lui. Matt Page semble réceptif à son discours apaisant parce qu'il se calme au point de dire que s'ils voient des policiers, il se livrera à eux. Néanmoins, quel crédit accorder à ses déclarations ? À ce stade des évènements, tout le monde l'ignore encore, mais la fin de la cavale de Page est proche.

Vers 16 h 30, Felicity et ses trois passagers remarquent, sur la route devant eux, un barrage dressé par la police. Quelques heures plus tôt, des agents ont découvert dans le secteur le Toyota Land Cruiser de Page. Il était dissimulé sous un filet de camouflage près de la rivière Goomadeer. Vu que Page ne bronche pas sur la banquette arrière, Felicity continue. Lorsqu'elle stoppe son Troop Carrier à hauteur de deux officiers de police, la tension est à son comble, étant donné l'imprévisibilité du fugitif. Conservant son sang-froid, Felicity parle comme si de rien n'était aux policiers par la fenêtre côté conducteur. Elle leur fait tout de même discrètement part « avec les yeux » de son inquiétude concernant l'homme barbu assis dans son dos. Les flics progressent doucement vers l'arrière du véhicule, armes à la main. Et, contre toute attente, Page se rend sans opposer de résistance.

Arrêté sans violence, Matt Page est transporté par hélicoptère à l'aéroport de Jabiru, puis à Darwin où il est mis en garde à vue. Rod Page, son père, remercie la police pour son professionnalisme et la résolution pacifique de la chasse à l'homme dans l'Outback. « La famille est extrêmement soulagée et reconnaissante. », a-t-il déclaré dans les médias. Saluons le comportement remarquable de Felicity, l'une des dernières otages du déséquilibré. Grâce à sa bravoure, elle a permis d'éviter un bain de sang. Elle a vraisemblablement aussi sauvé la vie de Page qui, en cas de fusillade, aurait été abattu sans hésitation par les policiers.

Les semaines suivantes, on en apprend plus sur le parcours insensé de Matt Page. Après avoir volé le Toyota Land Cruiser dans le Queensland, l'homme a emporté avec lui neuf armes à feu pour un voyage à travers le nord de l'Australie qui, selon ses dires, devait se terminer par un suicide au Cape York, à pointe nord-est du continent australien. Seulement, Page a commencé à manquer d'argent en Territoire du Nord. C'est pour cette raison qu'il a braqué les Obermeyer. Désireux au départ de mettre fin à ses jours, le fugitif aurait finalement changé d'avis. Son plan aurait été de quitter la région en avion depuis l'un des aérodromes de la Terre d'Arnhem, le seul moyen d'éviter les barrages de police. À la saison des pluies, la voie aérienne est l'unique façon d'entrer et de sortir des petites communautés perdues de la Terre d'Arnhem telles qu'Oenpelli et Maningrida.

Le 9 novembre 2002, Matt Page comparaît devant la Cour suprême du Territoire du Nord pour quatorze chefs d'accusation, dont des voies de fait graves, une privation de liberté et un vol à main armée. Le tribunal le condamne à une peine d'emprisonnement de neuf ans avec une période sans libération conditionnelle de quatre ans et six mois, soit la moitié de la peine. L'intéressé est, par ailleurs, frappé d'une interdiction à vie de détenir une licence d'armes à feu.

Commentaires et analyses

Les expertises psychiatriques dont a fait l'objet Matt Page n'ont pas permis d'expliquer pourquoi cet ex-prof sans histoire a kidnappé deux touristes allemandes, menaçant l'une d'elles de viol, et pris trois autres personnes en otages. D'après le Dr Michael Diamond, psychologue légiste, il semblerait que l'état mental de Page soit passé d'une dépression à un épisode plus maniaque. Il donnait l'impression d'être un criminel méticuleux et organisé, alors qu'en réalité il improvisait au fur et à mesure.

La justice a fait preuve d'une certaine clémence envers l'accusé parce que, jusqu'à la commission de ces infractions, Page a toujours été un homme « de bonne moralité ». Jusqu'à son coup de folie de l'été 2002, Page avait tout d'un citoyen modèle. Quelques années plus tôt, il avait reçu, pour récompenser ses mérites, la médaille d'or du duc d'Édimbourg, un programme d'encouragement à la jeunesse. Sauveteur bénévole, il participait à des œuvres de bienfaisance et tenait même compagnie à des personnes âgées. Matt Page avait tout sauf le profil d'un psychopathe. Et il faut reconnaître qu'il n'a blessé personne lors de son équipée sauvage. Seulement, l'Australien dépressif a littéralement terrorisé ses victimes, de par son comportement, ses déclarations et ses réactions imprévisibles. Suellen Pitt, à qui il avait dérobé son véhicule en juillet 2002, a déclaré qu'elle se demandait comment Page se serait débarrassé d'elle s'il n'avait pas fait un arrêt spontané sur la route. Eva et Sarah Obermeyer, ses prisonnières, n'avaient aucun moyen de savoir comment la situation allait se terminer pour elles. Menottées à un arbre, elles étaient totalement à sa merci et s'en souviendront jusqu'à la fin de leur existence. Après leur sauvetage début septembre 2002, les touristes allemandes ont d'ailleurs écourté leur séjour en Australie. Elles qui projetaient d'explorer la Grande Barrière de Corail ont préféré rentrer en Europe. Au final, Sarah Obermeyer a mieux supporté l'épreuve que sa mère, qui a longtemps fait des cauchemars liés à leur escapade dans le Parc national de Litchfield.

8.

GUET-APENS À COTTONVALE QUEENSLAND 2013

Nous sommes début août 2013 à Brisbane, la capitale du Queensland, sur la côte ouest australienne. Une voyageuse allemande de 19 ans, dont l'identité a été gardée secrète et que nous appellerons Sophia, est depuis une quinzaine de jours « *down under* ». Et elle fait comme des milliers d'autres jeunes touristes en Australie : elle cherche un job afin de financer le reste de son périple.

Le vendredi 9 août 2013, Sophia consulte les offres d'emploi sur internet, plus particulièrement sur Gumtree, un site web de petites annonces. Dans la liste, une proposition attire son attention. Il s'agit de travailler comme nounou et aide agricole dans une exploitation située à Cottonvale, une bourgade des Downs du Sud, à environ 200 km au sud-ouest de Brisbane. Après examen, l'annonce paraît sérieuse. Nommé David Johnson, l'employeur indique qu'il cherche une jeune femme pour garder sa fille de bientôt neuf ans. Intéressée, l'Européenne présente sa candidature en ligne. Et elle a la bonne surprise de recevoir assez rapidement une réponse positive. Rendez-vous est donc pris à Cottonvale, le

13 août 2013, quelques jours plus tard. L'employeur de Sophia lui précise qu'elle devra porter une robe, car ils vont fêter ce jour-là le neuvième anniversaire de sa fille.

Le mardi 13 août 2013, Sophia prend le bus pour gagner Cottonvale dans la région rurale et agricole des Downs du Sud. Au terme d'un trajet de deux heures et demie depuis Brisbane, l'Allemande arrive à destination. L'endroit est très reculé. La population de Cottonvale culmine à 148 personnes. Comme convenu, Sophia attend à l'arrêt de bus et, au bout d'un moment, une voiture vient la chercher. David Johnson, un homme barbu, la quarantaine tardive, prend la jeune femme à son bord pour la conduire à sa ferme. La nuit est tombée et, durant le trajet, Johnson offre un chocolat à sa passagère. Sophia en mange un morceau avant de cacher le reste, car le chocolat a un goût étrange.

Au fil des minutes, l'Allemande éprouve un sentiment de malaise aussi bien physique que mental. En observant discrètement son chauffeur, elle se rend compte que quelque chose cloche dans son apparence. Sa moustache tombe d'une manière étrange.

Les doutes de l'Allemande vont grandissant, quand l'Australien arrête subitement son véhicule sur une route déserte. Il brandit un couteau près du visage de sa passagère, menaçant de la tuer. À la fois terrorisée et engourdie, Sophia n'ose pas bouger pendant que son agresseur lui attache les mains dans le dos avec des serre-câbles. Il lui bande également les yeux et reprend ensuite la route. Tous les deux roulent jusqu'à un ancien hangar agricole, qui servait d'atelier de tonte pour le bétail.

Dans le bâtiment désaffecté, l'homme attache Sophia à un lit. Celle-ci le supplie de ne pas la violer. Mais il la menace de mettre une arme à feu dans sa bouche pour l'empêcher de parler. Le pire se produit : il tente de l'agresser sexuellement sur le lit, mais, courageuse, la jeune femme se défend. Elle donne des coups de pied à son assaillant qui tombe par terre. En colère, il enroule alors ses mains autour de sa gorge. « Calme-toi. Tu vas le faire ou je vais te tuer. » lui ordonne-t-il. Sophia le supplie d'arrêter, mais l'Australien n'en a cure : « Non, on doit le faire » insiste-t-il. Désespérée, Sophia lui répond qu'elle veut mourir. L'Australien lui enfonce de force dans la bouche un morceau de chocolat truffé de Stilnox, un puissant somnifère. Sophia finit par perdre connaissance.

Le 14 août 2013, Sophia se réveille à 1 h 30 du matin. Elle n'est plus dans le hangar, mais seule, au bord d'une route, au milieu de nulle part. Autour d'elle, la nuit noire. La jeune femme a été rhabillée, à l'exception de ses sous-vêtements. Elle réalise qu'elle n'a plus sur elle son portefeuille qui contenait des espèces et des cartes de crédit. Son agresseur a, quant à lui, disparu. Ayant du mal à s'orienter dans l'obscurité - car elle se trouve à 26 km du hangar où elle a été agressée - Sophia préfère attendre le lever du soleil. À l'aube, elle réussit à rejoindre une ferme et la police est avisée dans les meilleurs délais.

Un suspect est vite arrêté à Sydney, en Nouvelle-Galles du Sud. L'homme a été identifié sans difficulté grâce aux traces numériques qu'il a laissées sur le site internet Gumtree. Se faisant appeler David Johnson, l'individu, âgé de 48 ans, se nomme en réalité Peter Van de Wetering. Reconnu par sa victime, l'homme sera confondu par son ADN qu'il a tenté de nettoyer. L'Australien est immédiatement placé en détention provisoire. L'enquête montre que Van de Wetering avait soigneusement planifié son crime, achetant en ligne une perruque, une moustache et une fausse barbe aux États-Unis quatre mois plus tôt. En juillet 2013, il avait repéré un endroit éloigné où il pourrait maltraiter une jeune femme. Son choix s'était porté sur un hangar implanté sur une propriété dans laquelle il avait travaillé des années auparavant. Lorsqu'il est venu chercher sa victime, il roulait à bord d'une voiture de location et portait un déguisement.

Le 23 mai 2016, soit presque trois ans plus tard, s'ouvre à Brisbane le procès de Peter Van de Wetering. Si l'homme a plaidé coupable de neuf chefs d'accusation, dont enlèvement et viol, il n'a exprimé aucun remords. Lors de l'audience, on apprend qu'en juin 2013, une autre jeune femme a failli connaître la même épreuve glaçante que Sophia. Elle avait envisagé d'accepter une offre d'emploi de Van de Wetering, toujours sur le site Gumtree. Il recherchait des employées présentant les caractéristiques suivantes : « jeunes, grandes et minces ».

Le 25 mai 2016, le tribunal de Brisbane juge Peter Van de Wetering pour avoir enlevé, drogué et violé Sophia, la routarde allemande. L'Australien est condamné à neuf ans d'emprisonnement et devra purger 80 % de sa peine.

Commentaires et analyses

Cette affaire montre, une nouvelle fois, que les jeunes touristes doivent toujours faire preuve de prudence à l'étranger. Son rêve d'explorer l'Australie s'est brisé deux semaines à peine après son arrivée. L'Allemande se souviendra jusqu'à la fin de ses jours de son voyage aux antipodes. Un an et demi après les faits, les cicatrices des serre-câbles étaient toujours visibles sur ses poignets. Lors de l'audience, le juge a expliqué que Sophia avait toujours peur de l'obscurité et que le moindre bruit faisait accélérer son pouls. Selon un article du *Courier Mail* en date du 25 mai 2016, il a été dit au cours du procès que la jeune femme craignait d'être harcelée par les médias allemands, en raison de « la similitude avec un film bien connu ». Il faisait, bien sûr, allusion au film d'horreur *Wolf Creek*.

9.

LA FERME DE LA TERREUR
QUEENSLAND
2014

Les faits

En 2014, Natalie, une Italienne de 27 ans, fait comme des milliers d'autres jeunes voyageurs internationaux. Amoureuse du pays des kangourous, elle explore le territoire australien depuis presque un an dans le cadre d'un visa vacances-travail ou VVT, sous-catégorie 417. Ce document officiel délivré par les autorités australiennes permet de séjourner et de travailler pendant douze mois en Australie. Natalie travaille depuis quelques temps comme fille au pair à Sydney, seulement son visa va bientôt toucher à son terme. La jeune femme, qui veut absolument rester en Australie, pays qu'elle adore, n'a pas d'autre choix que de trouver un travail manuel dans une zone en pénurie de main-d'œuvre. En effet, la loi australienne prévoit que pour prolonger son VVT d'un an, il faut justifier de 88 jours de travail dans des domaines spécifiques (tels que l'agriculture, la pêche, le bâtiment, etc.) et des zones géographiques en demande. Ces dernières correspondent, basiquement, aux zones non urbaines.

Désireuse de retrouver rapidement un job, Natalie écume les annonces sur internet. Elle finit par tomber sur une offre intéressante dans une ferme d'élevage de moutons sur Kangaroo Island, une île au large de l'Australie-Méridionale, à une centaine de kilomètres au sud-ouest d'Adélaïde. Troisième plus grande île australienne après la Tasmanie et l'île Melville, Kangaroo Island est réputée être un véritable sanctuaire. Un bon tiers de l'île est protégé par des réserves naturelles qui accueillent une faune indigène telle que koalas, kangourous bien sûr, mais aussi pingouins, lions de mer et abeilles liguriennes qui produisent l'un des miels les plus purs au monde. Abritant un parc national (celui de Flinders Chase), de nombreuses plages de rêve ainsi que d'excellents restaurants, l'île Kangourou est une destination prisée des touristes. Connue pour sa gastronomie et ses vins, Kangaroo Island ne manque pas d'exploitations agricoles qui ont besoin de main-d'œuvre.

Intéressée par l'annonce, Natalie se renseigne sur le poste et l'employeur. Celui-ci lui indique qu'elle sera reçue par lui et son épouse. De plus, elle travaillera en compagnie d'autres employés. D'après les informations et commentaires qu'elle déniche sur Google, l'entreprise paraît en règle. L'Italienne décide donc de postuler et reçoit une réponse positive de la part de l'agriculteur. Elle prend ensuite un vol Sydney-Adelaïde, où on doit venir la chercher. À ce stade, Natalie ne se méfie pas particulièrement. Mais elle se pose tout de même des questions dès son arrivée à l'aéroport. En effet, l'agriculteur qui l'a embauchée a l'air rustre et pue l'alcool. Un peu étonnée, Natalie accepte de le suivre, mais lorsqu'ils rallient la ferme sur Kangaroo Island, Natalie a la mauvaise surprise d'apprendre que non seulement l'agriculteur vit seul (il n'est pas marié, contrairement à ses dires), mais qu'en plus il n'y a aucun autre employé. En clair, Natalie est seule avec l'homme dans une ferme isolée sur l'île (la ville la plus proche est à 50 km). Pire, le propriétaire des lieux informe la jeune femme que l'endroit n'a pas de connexion internet. Sachant que Natalie n'a pas de téléphone portable, elle est, en quelque sorte, coupée du monde.

Le premier soir, Natalie constate que, dans la chambre où elle est censée dormir, le lit n'est pas fait et qu'elle n'a pas de draps propres. Mais c'est le cadet de ses problèmes comparé à ce qui va suivre.

Dans la ferme, le propriétaire des lieux au tempérament colérique suit chacun de ses mouvements. Natalie tente de se raisonner, cependant, ses doutes vont grandissant. Parce que le fermier, porté sur la bière, reçoit le soir chez lui des amis de beuverie. Lors d'une soirée d'ivresse, plusieurs d'entre eux tentent d'entrer dans la chambre de Natalie. À deux heures du matin, ils martèlent sa porte (verrouillée) et tapent aux carreaux en criant son nom afin qu'elle leur ouvre. Terrifiée, l'Italienne peine à trouver le sommeil la nuit, mais le cauchemar n'est pas fini.

Lorsque Natalie commence à travailler dans la ferme d'élevage de moutons, l'exploitant lui demande si elle accepterait de tuer des animaux. Elle lui répond que non, tout comme elle refuse de couper les queues des agneaux avec un couteau à la lame émoussée. L'homme insiste en lui disant qu'elle doit le faire. Sous pression, Natalie coupe quelques queues d'agneaux vivants pendant que le fermier les tient fermement. Le sang gicle partout. Pour l'Italienne, c'est horrible. Elle se sent incapable de continuer, ce qui irrite l'Australien. Un jour, il tue un agneau juste devant elle en lui disant : « Voilà ce qui arrive quand on m'énerve ». Natalie se sent en danger au fond d'elle-même, néanmoins, elle fait en sorte de ne pas le montrer. Les jours suivants, un autre incident survient. Dans un champ, le fermier récupère un agneau malade qu'il jette négligemment à l'arrière de son pick-up. Le lendemain matin, l'animal, qui n'a pas été soigné, est toujours dans le pick-up. L'agneau bêle de douleur, alors le fermier le sort de son véhicule et lui tranche la gorge sous les yeux de Natalie, en sachant qu'elle ne supporte pas la vue du sang.

Dès lors, Natalie n'a plus qu'une idée en tête : s'enfuir. Encore faut-il qu'elle en trouve l'occasion, car le fermier est toujours présent sur le site. Craignant pour sa sécurité, elle ne veut rien montrer ni trop répondre à l'homme. Deux semaines après son arrivée, une opportunité se présente enfin. Natalie profite de l'absence de son employeur pour saisir sa chance. Consciente qu'il faut qu'elle agisse avant son retour, elle inspecte frénétiquement la ferme à la recherche d'un moyen de partir. Dans le bureau, elle déniche un modem internet (le fermier lui avait pourtant dit ne pas avoir internet chez lui). L'appareil n'est pas branché. Par chance, Natalie a des connaissances en informatique. Elle met en route l'appareil et, après quelques paramétrages, parvient à se connecter sur le Web. Elle envoie immédiatement un e-mail à sa famille au pair de Sydney. Celle-ci se charge de prévenir la police.

Les forces de l'ordre de Kangaroo Island envoient promptement une voiture de patrouille sur place. Elle ne s'est pas encore arrêtée sur la propriété que Natalie sort en courant de la ferme et saute dans le véhicule où elle fond en larmes. Soulagée d'avoir quitté la ferme sinistre, Natalie va apprendre de la bouche des policiers que son hôte a déjà fait parler de lui dans le passé. Mais, sachant qu'il n'a commis aucun crime ou infraction, il ne peut pas être renvoyé devant un tribunal. En conclusion, il ne sera pas poursuivi par la justice…

Commentaires et analyses

Au-delà de ses aspects sordides, l'expérience de Natalie, qui n'a d'ailleurs pas été payée par son employeur, est révélatrice des conditions de travail parfois difficiles des *backpackers*. Heures supplémentaires non payées, patrons un peu rudes, les abus sont fréquents. Cependant, les jeunes voyageurs voulant prolonger leur visa vacances-travail sont prêts à supporter les mauvais traitements pour pouvoir rester légalement en Australie. Interrogé par la presse, Joo-Cheong Tham, un professeur de droit de Melbourne, a indiqué que l'exploitation des jeunes travailleurs migrants - dont le nombre annuel frôle le million - était plus importante que l'on pense en Australie. Ils sont souvent contraints d'accepter des emplois faiblement rémunérés dans l'industrie agricole ou hôtelière, faute d'autres options. Et beaucoup n'ont pas pleinement conscience de leurs droits en tant que salariés.

En ce qui concerne Natalie, elle a tout de même vécu un cas extrême. Ce n'est qu'en juillet 2016 que la presse australienne a révélé son histoire hallucinante. « Cet homme est la personne la plus effrayante que j'ai jamais côtoyée, et je n'ai pas peur facilement. » a-t-elle expliqué aux médias. Marquée par son séjour sur Kangaroo Island, Natalie était, en 2014, à deux doigts de renoncer à son rêve de s'installer définitivement en Australie. Mais la jeune femme s'est accrochée. Elle a retrouvé un autre job dans une ferme de l'État du Victoria, avant d'être embauchée dans une société informatique à Sydney. Aujourd'hui, Natalie a fait le choix de s'installer définitivement en Australie, mais des années après les faits, elle n'arrive toujours pas à croire qu'elle ait réussi à tenir deux semaines dans la ferme de la terreur…

10.

DESTINATION INCONNUE TERRITOIRE DU NORD 2014

Les faits

Nous sommes en juin 2014 à Kununurra, une petite ville d'Australie-Occidentale, près de la frontière avec le Territoire du Nord. Située à environ mi-distance entre Broome et Darwin, Kununurra présente comme principal intérêt en soi d'être la porte d'entrée orientale de la région du Kimberley. Lieu de passage, elle accueille surtout les touristes désireux de se reposer une nuit avant de repartir.

Le mardi 10 juin 2014, un couple de jeunes routards britanniques, dont les noms n'ont pas été révélés et que nous appellerons Shannon et Ryan, arrivent en auto-stop à Kununurra. Disposant d'un budget serré, ils réservent deux places en dortoir, à 17 euros la nuit, au Kimberley Croc Backpackers YHA, une auberge de jeunesse implantée au cœur de Kununurra. Bon marché, l'établissement offre malgré tout bar-restaurant, piscine, salle TV et barbecue. Les clients ont aussi la possibilité d'accéder à internet sur place.

Explorant l'Australie depuis trois mois, Shannon et Ryan sont venus en Australie-Occidentale pour trouver du travail, afin de renflouer leurs finances. Peu de temps après leur arrivée à l'auberge de jeunesse, le couple fait connaissance avec un Australien, dans la vingtaine et ayant l'air du coin. « Il ressemblait à un gars normal. » déclarera plus tard Shannon. Plutôt maigre, l'homme est vêtu d'un jean et d'une chemise de travail verte. Avec son chapeau, il a vraiment l'allure d'un « cow-boy », comme vont le surnommer entre eux les deux Britanniques. Un détail indique qu'il travaille dans l'Outback : il porte trois ceintures et deux couteaux qui lui servent à « castrer le bétail », selon ses dires.

Au cours de la conversation, Shannon et Ryan évoquent leur recherche d'emploi, et ça tombe bien car le cow-boy les informe qu'il a justement besoin de main-d'œuvre pour travailler dans sa ferme d'élevage de bétail isolée dans l'arrière-pays. Sachant qu'il a déjà engagé un autre couple de routards à Kununurra, Shannon et Ryan se sentent en confiance. Le marché est donc conclu. Les deux Britanniques partiront avec le cow-boy le surlendemain - le jeudi 12 juin - car il doit recruter des employés supplémentaires avant.

Le mercredi 11 juin 2014, le cow-boy revient au Kimberley Croc Backpackers YHA et emmène Shannon et Ryan en ville pour faire du shopping. Il leur fait acheter des tenues de travail - à savoir des chapeaux et des jeans épais - dans un magasin de Kununurra. Ce jour-là, les deux Britanniques se lient d'amitié avec d'autres *backpackers* européens à l'auberge.

Le jeudi 12 juin 2014, Shannon et Ryan retrouvent comme prévu le cow-boy pour commencer le travail. La veille, l'Australien est parvenu à embaucher d'autres personnes (encore des jeunes voyageurs étrangers). Le matin, le groupe quitte donc Kununurra dans la matinée pour rejoindre la ferme du cow-boy. Ne possédant aucun moyen de locomotion, Shannon et Ryan voyagent avec lui à bord de sa voiture Ford bleu clair. Les autres les suivent dans leurs propres véhicules : un camping-car et une voiture. Le petit convoi roule ainsi un moment vers le sud, sur la Great Northern Highway, en direction de Halls Creek. Durant tout le trajet, Shannon et Ryan discutent avec leur chauffeur qui ne leur paraît pas dangereux. Seulement, un évènement imprévu va survenir…

À un moment donné, le camping-car qui les accompagnait fait demi-tour sur la route. Ses occupants ont visiblement changé de plan, ce qui provoque la colère du cow-boy. Stressé, il dit à ses passagers qu'il a besoin de plus de travailleurs. Voulant aider, Shannon prend l'initiative d'appeler ses amis européens rencontrés la veille à l'auberge de jeunesse de Kununurra. Elle fait, semble-t-il, preuve de persuasion, parce qu'elle réussit à convaincre cinq personnes de venir avec eux : deux couples irlandais et anglais, ainsi qu'un Italien.

Après quelques heures d'attente, les cinq jeunes gens les rejoignent à bord de la voiture des Irlandais. Guidés par le cow-boy, les trois véhicules repartent donc ensuite ensemble jusqu'au Doon Doon Roadhouse, un relais routier à une centaine de kilomètres au sud de Kununurra. Là, le cow-boy prend deux auto-stoppeuses espagnoles, elles aussi potentiellement intéressées pour gagner un peu d'argent. À la nuit tombée, Le convoi atteint la petite localité de Halls Creek, distante de 358 km de Kununurra. Le groupe, composé de pas moins de quatorze routards, campe à cet endroit le soir. Rien de notable n'est à signaler.

Le vendredi 13 juin 2014, à 5 h 30 du matin, le cow-boy réveille tout le monde. En effet, il reste encore de la route à faire. Pendant quelques heures, le convoi roule dans le désert et rallie finalement sa destination : une ferme de bétail ou plutôt une station d'élevage, comme on appelle les ranchs australiens. À leur arrivée, le cow-boy va parler à quelqu'un qui travaille sur l'exploitation. Restés dans la voiture, Shannon et Ryan commencent à se poser des questions. En effet, l'endroit n'appartient visiblement pas au cow-boy, contrairement à ce qu'il avait laissé entendre. Il ne connaît même pas le propriétaire des lieux. En réalité, il est juste venu pour proposer ses services. Mais l'exploitant n'a besoin de personne...

Shannon et Ryan sont pour le moins contrariés. Le cow-boy leur a menti sur toute la ligne. Il leur révèle même que la Ford qu'il conduit n'est pas la sienne, mais qu'elle appartient à ses sœurs. Et il leur annonce qu'il a maintenant besoin d'aller en ville, à Fitzroy Crossing, pour récupérer son 4X4. Chez la dizaine d'autres routards qui les accompagnaient, la déception et la colère grondent. Mais le cow-boy a un plan B pour eux. Il connaît une autre ferme qui pourra leur offrir du travail. Pour l'atteindre, rien de plus simple : il leur suffit de rouler pendant 24 km vers le sud. Les cinq personnes venues dans la même voiture (c'est-à-dire les Irlandais, les Anglais et l'Italien) se laissent convaincre.

Vers 9 heures du matin, tout le monde se sépare en trois groupes. La voiture des Irlandais, avec cinq occupants, prend la direction de la ferme indiquée par le cow-boy. Celle des autres routards rentre à Halls Creek. Vu que les auto-stoppeuses espagnoles partent avec eux, Shannon et Ryan se retrouvent seuls en compagnie du cow-boy. Il faut dire que, de toute façon, ils ne pouvaient pas repartir avec leurs camarades, faute de place dans leurs véhicules. Et puis, le cow-boy a promis de les amener en ville, à Fitzroy Crossing, 289 km à l'ouest de Halls Creek. C'est d'ailleurs ce qu'il fait. Dans la bourgade de 6 700 habitants, au bord de la Great Northern Highway, le trio s'arrête à la station-service BP où le cow-boy doit récupérer son 4X4, mais Shannon et Ryan doivent, une fois de plus, attendre. Et leur patience atteint ses limites. Le cow-boy, qui s'en rend compte, fait alors acte de générosité. Il leur propose de prendre sa voiture - la Ford bleue - et de continuer sans lui. Il leur indique un endroit où aller vers la Margaret River, dans le Kimberley. Le couple accepte et part à bord de la voiture en laissant le cow-boy à la station-service. C'est la dernière fois qu'ils le verront…

Shannon et Ryan roulent un moment sur la route poussiéreuse indiquée par l'Australien, cependant ils ont du mal à se repérer. Ils sont en train de se demander s'ils ne se sont pas égarés, quand, à 15 heures, la jeune femme reçoit un appel inattendu. Un membre de la police d'Australie-Occidentale l'informe qu'elle va être bientôt portée disparue, suite au signalement fait par ses amis. Mais il y a plus grave. Elle apprend que les Irlandais, qui ont suivi les instructions du cow-boy, n'ont jamais trouvé la prétendue ferme, pour la simple et bonne raison qu'elle n'existe pas. Pire, il les a envoyés en réalité vers le Parc national du cratère de Wolfe Creek, perdu dans l'Outback, à 105 km au sud de Halls Creek. Ne voyant rien, les Irlandais et leurs passagers ont fait demi-tour, à environ 50 km de Wolfe Creek. Seulement, la route était tellement épouvantable que, vers 11 heures, ils ont eu un terrible accident après avoir heurté un gros rocher. Le conducteur a perdu le contrôle du véhicule qui a fait quatre ou cinq tonneaux. Un Irlandais, celui assis sur le siège passager, a été éjecté de la voiture. Les os du visage cassés et du liquide dans le cerveau, il est maintenant plongé dans le coma. Une Anglaise assise à l'arrière souffre de fractures aux côtes et à la clavicule. Les deux blessés ont été transportés en urgence à l'hôpital de Perth par voie aérienne. Les trois autres occupants s'en sont sortis avec des blessures mineures. Tous ont eu de la chance qu'un autre automobiliste, qui passait dans le secteur, prévienne les secours.

Suite à la nouvelle, Shannon et Ryan se rendent au poste de police de Halls Creek. Ne pouvant pas y croire, les Britanniques réalisent ce à quoi ils ont échappé. « Si la police ne nous avait pas téléphoné, nous nous serions retrouvés au milieu de nulle part et à court d'essence, il ne nous restait plus qu'un demi-plein. » a expliqué Shannon au *Daily Mail*. Et elle n'est pas au bout de ses surprises. Avec son petit ami, elle apprend que la voiture généreusement donnée par le cow-boy était volée, avec de fausses plaques d'immatriculation. Rapidement alertés, les gérants du Kimberley Croc Backpackers YHA collent dans l'auberge de jeunesse une affiche mettant en garde les jeunes routards contre le mystérieux « cow-boy » avec écrit en lettres capitales : « IL N'EST PAS QUI IL DIT !!!!!!!!!!!!! ».

Le samedi 14 juin 2014, Shannon et Ryan prennent un bus Greyhound pour revenir à Kununurra. Marqués par leur mésaventure, il se demandent quelles étaient les intentions réelles du cow-boy. Comme l'a suggéré la police, il est possible qu'il se soit tout simplement servi d'eux pour rejoindre Fitzroy Crossing. Circulant dans une voiture volée, il leur avait justement demandé de payer l'essence, sous prétexte qu'il avait perdu sa carte de carburant.

Le mercredi 18 juin 2014, un porte-parole de la police d'Australie-Occidentale annonce que le suspect a été arrêté à Broome. Il est originaire de Cairns, dans le Queensland, et âgé de 25 ans, mais son identité n'a pas été révélée. Dans la cité côtière, il avait utilisé la même ruse qu'à Kununurra : appâter des routards en leur proposant un emploi dans une ferme éloignée. Il en avait, une fois encore, profité pour leur soutirer de l'argent et a aussi dérobé un nouveau véhicule à Broome (un utilitaire Toyota Hilux). Après être passé fin juin 2014 devant le tribunal de Karratha, le cow-boy escroc a été incarcéré dans la prison régionale de Roebourne.

Commentaires et analyses

Cette histoire montre à quel point il est facile de duper des voyageurs à court d'argent et peu méfiants dans le vaste arrière-pays australien. Accordant trop facilement leur confiance à de parfaits inconnus, certains peuvent connaître une fin tragique. Dans ce fait divers de 2014, un homme malveillant a volontairement égaré des jeunes touristes dans des zones dépeuplées et sans essence. Deux ont fini dans un état grave. Le plus ironique est qu'il les a envoyés vers les lieux de tournage du film d'horreur *Wolf Creek*…

11.

L'ATTAQUE DE SALT CREEK
AUSTRALIE-MÉRIDIONALE
2016

Les faits

Au début de l'année 2016, Lena Rabente a 23 ans. De nationalité allemande, cette petite femme aux longs cheveux châtain-blond et au sourire timide profite d'une année sabbatique en Australie. De son propre aveu, c'est la première grande aventure dans sa vie. Comme nombre d'autres jeunes voyageurs internationaux, Lena a choisi cet immense pays pour étancher sa soif de liberté. Et elle pense, comme beaucoup de ses congénères, que l'Australie est une destination tout à fait sûre. En janvier 2016, elle a eu l'occasion de visionner avec un ami le film *Wolf Creek* qu'elle a trouvé horrible. De la pure fiction, selon elle. À la fin du film, elle dit à son ami sur le ton de la rigolade : « Ça n'est pas réel, cela n'arrivera jamais à quelqu'un comme ça. » Mais, un mois plus tard, la réalité lui prouvera malheureusement le contraire.

En février 2016, Lena visite la région d'Adelaïde, la capitale de l'Australie-Méridionale, à plus de 1 000 km à l'ouest de Sydney. À Adelaïde, elle séjourne dans une auberge de jeunesse où elle fait la connaissance de Beatriz, une routarde brésilienne du même âge qu'elle. Sur le point de terminer des études d'infirmière, Beatriz (dont le nom de famille a été gardé secret) profite aussi de vacances « la tête en bas » et comme l'Allemande, c'est la première fois qu'elle voyage seule. Une semaine avant d'arriver à Adelaïde, elle a rencontré l'amour avec James, un Australien. Ils se sont promis de se revoir, mais, dans l'immédiat, elle continue en solo son périple à travers le pays. Jolie brune élancée et extravertie, Beatriz est un peu à l'opposé de Lena, cependant, les contraires s'attirent et le contact passe tout de suite très bien entre elles. Beatriz propose à sa nouvelle amie de se rendre ensemble à Melbourne, la capitale de l'État du Victoria. En effet, Beatriz rêve de découvrir la Great Ocean Road, une route côtière de 240 km accessible depuis Melbourne. Avec ses falaises abruptes et ses panoramas grandioses, la Great Ocean Road est un incontournable de tout road-trip en Australie. Emballée par l'idée, Lena accepte sans délai de l'accompagner.

Ne disposant d'aucun moyen de transport, Lena et Beatriz veulent rejoindre Melbourne en covoiturage. À la recherche d'un chauffeur, Beatriz se tourne vers le site internet de petite annonces Gumtree sur lequel elle poste un message afin de trouver quelqu'un en mesure de les conduire jusqu'à Melbourne. La Brésilienne ne tarde pas à recevoir plusieurs propositions. Elle retient une première offre de covoiturage faite par un autre *backpacker* dans la vingtaine, mais, la veille de leur départ, il les informe avoir un problème de voiture. Beatriz n'a d'autre choix que d'annuler et se met en quête d'une solution de rechange. Elle étudie une autre réponse émise par un certain Roman Heinze, prêt à les amener à Melbourne pour un tarif honnête. Beatriz l'appelle pour en discuter de vive voix avec lui et, au téléphone, l'individu a l'air sérieux. D'origine allemande, l'Australien est toutefois un peu bourru. Roman lui envoie notamment le SMS suivant : « Répondez-moi simplement. Dites-moi si vous voulez venir avec moi ou non. » L'homme semble étrangement impatient de partir, cependant, Beatriz n'a pas vraiment de mauvais feeling le concernant. Et, étant donné qu'elle et Lena n'ont pas d'autre option, elle lui donne son accord.

Le mardi 9 février 2016, Lena et Béatrice, sac à dos sur les épaules, rejoignent donc une gare routière d'Adelaïde, point de rendez-vous convenu avec Roman Heinze. Et elles sont un peu surprises parce que ce n'est pas du tout ce à quoi elles s'attendaient. Leur conducteur est bien plus vieux qu'elles ne le pensaient. En effet, Heinze a 59 ans. Affublé d'une moustache et les cheveux bruns et courts, Heinze a un physique impressionnant : il mesure 1,98 m. À côté de lui, les deux jeunes femmes paraissent bien fragiles. En le voyant, Lena se dit en son for intérieur qu'elle ne serait peut-être pas allée seule avec lui. Mais, dans le cas présent, Beatriz est là. Aussi Lena se sent-elle rassurée. Propriétaire d'un confortable 4X4 - un Nissan Patrol gris équipé d'une cheminée pour traverser des cours d'eau -, Heinze leur promet de les amener saines et sauves à Melbourne. N'ayant, à ce stade, aucune raison objective de renoncer à l'offre de l'Australien, Beatriz et Lena grimpent donc à bord du véhicule. La Brésilienne s'installe sur le siège passager avant, l'Allemande sur la banquette arrière, et Heinze prend la direction de Melbourne, distante de 726 km, soit un peu plus de huit heures de route d'Adelaïde.

Pendant que Heinze conduit sur l'autoroute Princes Highway, l'atmosphère est relativement détendue dans le 4X4. Concentré sur sa conduite, Heinze parle peu, mais il a apparemment à cœur que ses passagères apprécient le voyage. Il les invite à prendre des photos-souvenirs, en bonnes touristes. Durant le trajet, Lena admire le paysage et Beatriz prend un selfie avec son smartphone. Sur le cliché, elle sourit à pleines dents, lunettes de soleil Aviator de Ray-Ban sur le nez. Rien ne laisse présager ce qui va suivre…

Alors que le voyage est normalement faisable en une journée, Heinze propose à ses passagères, environ deux heures après leur départ, de faire un arrêt au Parc national de Coorong. Il faut juste un petit détour pour s'y rendre et l'endroit, beau et sauvage, vaut le coup d'œil. Situé face à l'océan Indien, le Parc national de Coorong est constitué de plages désertes, de dunes majestueuses et de lagunes d'eau salée, refuges pour de nombreuses espèces d'oiseaux. Beatriz et Lena sont partantes pour y aller. Elles sont venues en Australie pour profiter de la vie et voir un maximum de choses. Une occasion de visiter un parc national s'offre à elles, alors, autant en profiter.

Heinze modifie légèrement son itinéraire et atteint en début d'après-midi Salt Creek, dans le Parc national de Coorong, à 210 km au sud d'Adelaïde. Il longe une interminable plage de sable blanc, avant de stopper son véhicule sept kilomètres plus au sud. Entouré de dunes à perte de vue, le site, appelé Tea Tree Crossing, s'avère très isolé. Il n'y a personne à des kilomètres à la ronde. « J'adore cet endroit. C'est super pour la pêche. Arrêtons-nous ici pour la nuit. », dit Heinze à ses passagères.

L'Australien commence à installer le campement entre deux dunes, face à la mer, et, pendant ce temps, Lena et Beatriz discutent, assises sur des chaises pliantes autour d'une table de camping. L'homme a beau avoir l'air serviable, Lena ressent quelques inquiétudes à son sujet. Elle et sa copine sont au milieu de nulle part avec ce colosse dont elles ignorent tout. Tandis que Heinze termine de monter les tentes, Lena fait part de son tracas à Beatriz qui la rassure. Leur chauffeur est certes « un peu bizarre », mais elle pense que « ça va être OK ». Se sentant fatiguée, Lena va faire une sieste à l'intérieur du 4X4. Restée dehors, Beatriz prépare le dîner avec Heinze. À un moment donné, ce dernier lui propose d'aller voir s'il y a des kangourous dans le secteur, car il a repéré des empreintes dans le sable. Vêtue d'un simple bikini noir, Beatriz accepte et ils quittent tous les deux le campement.

Après avoir marché un moment sur la plage, Heinze et Beatriz constatent qu'il n'y aucun animal. La jeune femme suggère de faire demi-tour quand, tout à coup, l'Australien l'attrape par-derrière. Il la fait tomber par terre et lui enfonce le visage dans le sable. « Pendant une fraction de seconde, j'ai pensé que c'était une blague », dira Beatriz. Ce n'est que le début du cauchemar. Heinze monte sur son dos avant de sortir des morceaux de corde et un couteau qu'il plante dans le sable devant elle. Ses intentions sont on ne peut plus claires : il est déterminé à faire ce qu'il veut d'elle. Heinze attache les poignets et les chevilles de Beatriz avec la corde, mais elle se débat. Heinze la fait alors rouler sur le dos et la frappe. « Soit tu facilites les choses, soit je te casse le bras », dit-il en l'attachant. Le pire va se produire. L'individu coupe le bikini de Beatriz avec son couteau, puis la lèche, l'embrasse et la touche. La Brésilienne est en train de se faire violer, seulement, elle ne se laisse pas faire. Elle se tortille pour se soustraire à son agresseur qui continue de lui asséner des gifles et des coups de poing pour se faire obéir. À cet instant, Beatriz voit défiler dans sa tête des images de son cadavre sur le sable, de sa mère venue du Brésil pour identifier son corps. Pendant qu'elle se fait agresser sexuellement, Beatriz a la certitude qu'elle va mourir, néanmoins, elle réussit à convaincre son assaillant de revenir au campement. Utilisant la ruse, elle lui fait croire qu'elle est de son côté et que, s'il veut « faire des choses » avec elle, il doit s'y prendre d'une autre manière. Ils pourraient, par exemple, boire d'abord un verre et se relaxer, avant de s'amuser ensemble. Séduit par l'idée, Heinze accepte de retourner au campement avec Beatriz, complètement nue et les poignets et chevilles toujours attachés.

À l'approche du campement, l'Australien semble soudain changer d'avis et vouloir faire demi-tour. À ce stade, Beatriz réalise que c'est le moment ou jamais d'agir. C'est son unique chance de s'en sortir. Boostée par l'adrénaline, elle se met à hurler le plus fort possible le prénom de son amie afin de la prévenir : « Lenaaaaa !!! » Heinze la renverse aussitôt sur le sable. « J'avais l'impression d'être dans un film d'horreur », expliquera-t-elle plus tard aux journalistes.

Beatriz n'a pu pousser qu'un seul cri, presque couvert par le bruit du vent et des vagues sur la plage. Mais, par une chance extraordinaire, le cri a réveillé Lena dans le 4X4. L'Allemande sort du véhicule et marche en direction du couple. Elle comprend tout de suite la gravité de la situation. « Lâche-la, lâche-la, laisse-la tranquille. » lance-t-elle à Heinze. L'Australien pivote vers elle en lui disant cette phrase terrifiante : « Je voulais juste l'essayer. » Beatriz remarque alors qu'un long manche dépasse de sa ceinture. Elle songe à une hache. « Cours Lena, il a une hache » lui crie-t-elle. En réalité, il s'agit d'un marteau. Lena se précipite vers la voiture. Elle veut récupérer son téléphone dans son sac à dos pour appeler les secours, mais, arrivé derrière elle, Heinze lui tape sur la tête avec son marteau. L'Allemande s'effondre sur le sol, mais elle est résistante. Saignant abondamment du cuir chevelu, elle se relève et se met à courir, dans un réflexe de survie. Elle a compris qu'elles ont affaire à un homme totalement fou qui va sûrement les tuer. Heinze poursuit Lena et parvient à la frapper encore trois fois sur le crâne avec son marteau. Ce déferlement de violence n'arrêtera pas sa proie qui continue de détaler. Incapable de la rattraper, l'Australien saute dans son 4X4.

Lena recèle des ressources à peine croyables. Pendant que Heinze est occupé à démarrer son véhicule, elle en profite pour porter secours à son amie Beatriz qu'elle détache de ses liens. Les deux touristes prennent alors une décision qui va sauver leur vie : partir dans des directions opposées. Lena se met à sprinter sur la plage et Beatriz, toujours nue, s'enfuit à travers les dunes. Heinze prend en chasse la proie la plus facile : Lena. S'ensuit une folle course-poursuite. La scène est proprement hallucinante. Au volant de son Nissan Patrol, l'Australien talonne la jeune femme qui se replie dans les dunes. Elle court aussi vite qu'elle peut en zigzaguant. Le terrain est accidenté mais, dans son véhicule quatre roues motrices, Heinze ne la lâche pas. Pire, il la pousse à quatre reprises dans le dos avec le pare-buffle de son 4X4. Lena tombe, mais se relève à chaque fois. Parce que, même si elle se dit qu'elle ne va vraisemblablement pas s'en sortir vivante, elle ne veut pas mourir. Lena se retrouve bientôt prise au piège. Affaiblie physiquement, elle sait qu'elle ne va pas pouvoir continuer longtemps à échapper à son agresseur. Faisant face au 4X4, elle prend alors une décision aussi inattendue qu'audacieuse : elle grimpe sur le capot et se hisse même sur le toit équipé d'une galerie. Furieux, Heinze sort et tente de la faire descendre, fouettant l'air avec son marteau. Seulement, Lena est également en colère. Elle essaye de lui donner des coups de pieds à la tête. Entaillé à plusieurs endroits, son cuir chevelu continue de saigner à profusion. Le toit du véhicule est bientôt constellé de taches rouges, comme s'il avait reçu une « pluie de sang ».

Incapable de déloger l'Allemande, Heinze se glisse de nouveau derrière le volant du Nissan Patrol et repart. Il roule à tombeau ouvert sur la plage, puis dans les dunes pour tenter de faire tomber Lena qui, allongée sur le toit, se cramponne à la galerie. Heinze secoue son véhicule, mais rien n'y fait. L'Allemande tient bon. L'homme décide de stopper son 4X4 et un dialogue surréaliste s'engage entre lui et sa victime terrifiée et blessée : « Je ne conduirai pas plus loin avec toi sur le toit, tout ça est ridicule. », lui dit-il. Depuis le toit du véhicule, la chevelure ensanglantée, Lena lui répond : « Pourquoi devrais-je descendre du toit ? Tu as essayé de me tuer. Je ne descends du toit que si tu jettes tes armes. » Et, contre toute attente, Heinze s'exécute. Il jette au loin deux marteaux et un couteau. Et il lui donne même une serviette et une casquette (appartenant à la jeune femme) pour qu'elle puisse endiguer le sang qui ruisselle sur son front et ses tempes. Rebondissement imprévu : la petite Lena a pris l'ascendant psychologique sur le géant australien. Heinze semble revenu à la raison et même disposé à la ramener à l'entrée du parc national. L'Allemande descend enfin de son perchoir et s'installe sur le siège passager. Alors qu'ils repartent ensemble, Lena se demande ce qu'est devenue son amie Beatriz.

Pendant ce temps, la Brésilienne ignore ce qui se passe, cachée dans les dunes. Nue et accroupie derrière des buissons, elle lance des regards apeurés autour d'elle, quand, tout à coup, elle voit un 4X4 approcher. Craignant qu'il ne s'agisse de celui de Heinze, elle est soulagée de voir qu'il s'agit juste de jeunes en train de visiter le parc national. Elle sort alors de sa cachette et se précipite vers eux en leur faisant de grands gestes. « Sortez-moi d'ici, sortez-moi d'ici. Il va tous nous tuer », hurle-t-elle. En voyant cette femme dénudée et en détresse, les visiteurs perçoivent immédiatement la gravité de la situation. Ils lui portent secours en lui donnant des vêtements. Lorsqu'ils lui proposent de la ramener à l'entrée du parc national, la Brésilienne refuse et les supplie de l'aider à retrouver son amie. Elle veut lui porter secours, comme Lena l'a fait avec elle sur la plage. Les jeunes gens passent un coup de fil à Adam Stewart qui gère le Salt Creek Roadhouse, le seul relais routier de la région. Stewart se charge de prévenir le poste de police le plus proche et, en attendant l'arrivée des forces de l'ordre, rameute des habitants du coin pour tenter de localiser la touriste disparue. Parce que Lena est toujours en danger à bord du 4X4 de Heinze qui fonce sur la plage sans fin de Salt Creek. À un moment donné, il passe près d'un groupe de pêcheurs et l'un d'eux note la présence d'une femme « du sang partout sur elle » sur le siège passager avant. À bout de forces, Lena parvient à peine à leur faire un signe en passant. Bravant leur peur, les pêcheurs montent en vitesse dans leurs véhicules et se mettent à suivre à distance le Nissan Patrol de Heinze. L'Australien tente de les semer, mais se retrouve vite acculé dans les dunes. Il stoppe finalement son engin, l'air de ne plus savoir quoi faire. Pour lui, la fin du voyage est proche.

Faisant preuve d'une force de caractère insoupçonnée, Lena regarde calmement son ravisseur, puis sort de la voiture. Elle ouvre la portière arrière pour récupérer son sac et annonce à Heinze qu'elle part. « Reste, s'il te plaît, nous pouvons résoudre ce problème. » lui répond-il. Ayant perdu de son agressivité, l'homme paraît désormais plus confus qu'autre chose. De toute évidence, la force a changé de camp. Sans l'écouter, Lena s'éloigne en direction de ses libérateurs. Elle se met à courir tant bien que mal sur la plage pour les rejoindre et se retourne plusieurs fois pour s'assurer que son ravisseur ne la suit pas. Mais Heinze n'a pas bougé. Il a clairement abandonné la partie.

Nous sommes désormais en fin d'après-midi et le ciel s'est assombri. Sur la plage de Salt Creek, Lena ressemble juste à une « forme humanoïde ensanglantée et sombre » selon l'expression de l'un des hommes qui l'ont recueillie. On ne parvient même plus à distinguer s'il s'agit d'un homme ou d'une femme. Elle est tellement mal en point qu'elle provoque l'effroi chez ses sauveteurs. Après des heures de calvaire, Lena Rabente est enfin libre. Grâce à son courage inouï, elle est sortie en vie, comme Beatriz, d'une situation extrêmement périlleuse.

Au bord de l'inconscience et incapable de parler, Lena est transportée en urgence dans l'hôpital le plus proche. Ses blessures s'avèrent graves, néanmoins, elle s'en sortira. Beatriz, qui a aussi reçu des soins, vient à son chevet. La Brésilienne culpabilise de l'avoir entraînée dans ce road-trip infernal. À son réveil, Lena n'éprouve aucune colère contre son amie. Très humble, l'Allemande est juste contente qu'elles s'en soient tirées toutes les deux. Beatriz éprouve beaucoup de reconnaissance envers Lena qui lui a peut-être sauvé la vie.

Mais l'affaire n'est pas terminée. En effet, Heinze a pris la fuite et une véritable chasse à l'homme s'est engagée dans le Parc national de Coorong. Une douzaine de véhicules tout terrain de la police australienne traquent le criminel et Adam Stewart, le gérant du Salt Creek Roadhouse, qui connaît le secteur comme sa poche, a été recruté pour l'occasion par les hommes de loi. Stewart finit par repérer Heinze qui a ensablé son 4X4 sur une petite colline. On craint les réactions du suspect, acculé comme une bête sauvage dans une voie sans issue. Seulement, le mastodonte australien a capitulé. Il reste amorphe au volant de son Nissan Patrol. C'est comme si Lena l'avait terrassé mentalement. Le soleil est en train de tirer sa révérence sur Salt Creek quand Heinze se laisse arrêter sans opposer la moindre résistance. Tout est donc bien qui finit bien. Aucune violence ne sera exercée par les policiers.

À l'annonce de l'arrestation du kidnappeur des deux touristes étrangères, Neville Jaensch, un élu local, salue leurs sauveteurs comme des héros. « Nous considérons le Coorong comme une zone très sûre et c'est une tragédie » déclare Jaensch dans les médias. Mais il reconnaît la bravoure des membres de la communauté (notamment Adam Stewart) et des pêcheurs qui ont permis de donner une issue heureuse à ce drame.

À la une des médias en Australie, l'attaque de Salt Creek fait le tour du monde. Qu'ils soient australiens ou néo-zélandais, les journalistes comparent ouvertement ce fait divers avec le film *Wolf Creek* « dans la vie réelle ».

Le 17 mai 2017, quinze mois après les faits, Roman Heinze comparaît devant la Cour suprême d'Australie-

Méridionale. Reconnu coupable de six chefs d'accusation, dont attentat à la pudeur, enlèvement aggravé et mise en danger de la vie d'autrui, Heinze est condamné à 22 ans de prison, avec une période sans libération conditionnelle de 17 ans.

On ne comprend toujours pas comment ce père de cinq enfants, marié deux fois, a pu sombrer dans la folie en février 2016. Né en Allemagne de l'Ouest et arrivé en Australie en 1959 avec ses parents et ses frères, Heinze avait l'apparence d'un homme respectable. Il dissimulait toutefois un côté obscur, amateur de pornographie violente et de bondage. Après son arrestation, la police a retrouvé dans son Nissan Patrol de nombreux morceaux de corde, des préservatifs et du Viagra. Mais il y a pire, comme nous le verrons dans la partie commentaires et analyses.

Au cours du procès, la juge Kelly a eu des mots durs à l'encontre de Heinze : « Ce n'est pas la conduite d'un être humain civilisé, mais d'un homme enragé et quelque peu primitif, sans aucune boussole morale ». Cette déclaration se révèle méritée puisque l'intéressé n'a manifesté aucun remords concernant l'attaque de Salt Creek. « En commettant ces crimes, vous avez une fois de plus sapé la réputation de ce pays en tant que destination sûre, attrayante et conviviale pour les jeunes routards du monde entier. », a déclaré la juge. Il est clair que l'Australie se serait bien passée de ce nouveau fait divers sordide contre des *backpackers* étrangers.

Pour terminer, reparlons de Beatriz et Lena. Encore une fois, leur détermination, leur courage et leur résilience ce jour-là ont été remarquables. Et elles doivent nous servir, quelque part, d'exemple. Durant toute l'épreuve, Lena s'est juré que Heinze ne pourrait jamais la briser. Et c'est un fait : il a échoué. Après l'arrestation, la petite Allemande a demandé à la police australienne de lui rendre sa casquette imbibée de sang qu'elle avait perdue en s'enfuyant sur la plage. Et, clin d'œil du destin, sa casquette affichait le slogan *« Stay strong »* (« Reste fort »).

Commentaires et analyses

Dans cette affaire, l'allusion à *Wolf Creek* est plus que légitime car la presse l'a faite à maintes reprises. Par ailleurs, Beatriz, la routarde brésilienne, a elle-même comparé son calvaire à un « film d'horreur ». Elle et Lena ont survécu à ce cauchemar éveillé grâce à leur instinct de survie hors du commun. Face à Roman Heinze, elles se sont battues comme des lionnes. « Il s'attendait à ce que nous soyons faibles et qu'il puisse faire ce qu'il voulait. » a déclaré Lena à l'émission *60 minutes Australia* en 2017. Il s'est manifestement trompé.

Par la suite, on en a appris plus sur Heinze. L'homme présentait des signes avant-coureurs de dangerosité puisqu'il avait déjà commis un attentat à la pudeur contre deux voyageuses à Adélaïde en 2014. Quelques mois plus tôt, il avait aussi maltraité sa compagne, une artiste nommée Sylvia Clarke. Attachée, battue et mordue par Heinze, Sylvia avait mis fin à leur relation, sans pour autant porter plainte, paralysée par un sentiment de honte. Le plus terrifiant est que, quelque temps avant l'attaque, Heinze l'avait invitée à aller camper à Salt Creek. « Je ne serais probablement pas revenue. » a déclaré Sylvia dans les médias.

La chaîne de télévision 9 News Australia a révélé une autre information glaçante relative à Heinze. En 2013, il se serait arrêté au relais routier de Salt Creek pour faire des courses dans le cadre d'un autre séjour sur place. Comme trois ans plus tard, avec Beatriz et Lena, il était venu camper et pêcher au bord de la mer. Et des témoins oculaires l'auraient vu en compagnie d'une jeune femme blonde ressemblant à une *backpacker*. Seulement, lorsque Heinze a quitté le secteur, deux-trois jours plus tard, il s'est à nouveau arrêté au relais routier et la jeune voyageuse blonde n'était plus avec lui. Qui était cette personne ? Est-ce que Heinze lui aurait fait du mal ? Nul ne le sait. Peu coopératif, l'individu n'a jamais livré d'informations à ce sujet. Et la police australienne n'a, quant à elle, jamais réussi à identifier cette mystérieuse jeune femme...

Depuis 2016, les survivantes de l'attaque de Salt Creek ont repris une vie à peu près normale. Elles se sont même revues l'année suivante à São Paulo, au Brésil, où vit Beatriz. Profondément affectée par son agression, la Brésilienne reconnaît avoir toujours des hauts et des bas. À titre d'exemple, elle n'ose plus sortir après le coucher du soleil, car elle ne se sent pas en sécurité. Elle est heureusement soutenue par James, son petit ami australien, avec qui elle file le parfait amour. En ce qui concerne Lena, il semblerait qu'elle ait été moins traumatisée par sa terrible expérience australienne. Quand elle n'est pas chez elle, à Essen, elle continue de voyager autour du monde et a indiqué qu'elle aimait toujours l'Australie. De son point de vue, il ne faut pas blâmer ce pays, juste l'homme mauvais qu'elle a eu la malchance de rencontrer. Ce petit bout de femme ne cessera donc jamais de nous étonner…

12.

CRIME GRATUIT SUR LA STUART HIGHWAY TERRITOIRE DU NORD 2016

Les faits

En novembre 2016, Philippe et Aurélie Jegouzo, un couple de Français âgés respectivement de 33 et 30 ans, sont aux anges. Très amoureux, le couple a mis assez d'argent pour accomplir un tour du monde. Depuis six mois, Philippe et Aurélie parcourent la planète. Fin novembre, la fin du voyage approche. L'Australie est leur dernière étape avant de rentrer en Europe. Les proches du couple se sentent rassurés, parce que l'Australie est considérée comme un « pays sûr ».

Le mercredi 30 novembre 2016, Philippe et Aurélie sont arrivés en Australie depuis une semaine. Ils ont loué une Toyota Rav4 bordeaux pour explorer l'Outback. Ce mercredi, ils roulent sur la Stuart Highway, le principal axe routier à l'intérieur de l'Australie. D'une longueur totale de 2834 km, l'autoroute relie Darwin à Adelaïde, en passant par Alice Springs, en plein cœur du pays.

En milieu d'après-midi, les Français font un arrêt sur l'aire de repos de Connor Well, à environ 100 km au nord d'Alice Springs. L'endroit s'avère particulièrement isolé. Le couple est d'ailleurs seul.

Philippe et Aurélie ont installé une table de camping pliante à côté de leur voiture. Tandis qu'ils boivent tranquillement un café, assis à leur table, une Hyundai i20 gris métallisé arrive sur l'aire de repos. Le conducteur du véhicule, un trentenaire brun et barbu, en descend pour nettoyer ses tongs. Il s'approche ensuite du couple. D'un tempérament amical, Philippe, qui avait le dos tourné, pivote pour lui dire bonjour. Là, tout se passe très vite. Sans que personne ne s'y attende, l'individu poignarde Philippe au cou avec une paire de ciseaux. L'homme s'acharne, puisqu'il frappe vingt fois sa malheureuse victime. Pour les Français, le voyage a brusquement basculé dans l'horreur la plus viscérale. Dans un réflexe de survie, Aurélie frappe l'homme avec la table de camping pour le faire partir. L'agresseur retourne alors à sa voiture avec laquelle il prend la fuite. Seulement, le mal est fait. Phillipe gît à terre, gravement blessé, dans une mare de sang.

Une fois l'assaillant parti, Aurélie tente de trouver de l'aide autour d'elle. Dans un état de panique totale, elle fait signe à une voiture qui passe sur la Stuart Highway. À bord, un couple d'Australiens. Malheureusement, personne n'a de téléphone portable. Le téléphone le plus proche se situe à l'Aileron Roadhouse, un relais routier à environ 40 km au nord. Pendant que son mari part seul prévenir les secours, sa femme - infirmière de profession - reste avec Aurélie. Elle tente d'apporter assistance à Phillipe, mais ce dernier a perdu trop de sang. Philippe meurt des suites de ses blessures sur l'aire de repos de Connor Well, 40 minutes après son agression.

À 17 h 30, la police du Territoire du Nord est informée de l'attaque. Les officiers se rendent sur les lieux et prennent en charge Aurélie. Choquée par le meurtre de son mari, elle est transportée jusqu'à l'hôpital d'Alice Springs afin de recevoir des soins.

Tandis que des policiers sécurisent la scène de crime à Connor Well, tout est mis en œuvre pour retrouver le suspect qui a pris la fuite en direction du nord. La voiture du fuyard est interceptée par la police près de Ti Tree, à environ 100 km du lieu de l'attaque, mais son conducteur s'enfuit en courant dans le bush. Les forces de l'ordre bouclent la zone et recherchent activement le fugitif. Ils ne trouveront que des vêtements lui appartenant, qu'il a abandonnés derrière lui. À la nuit tombée, le tueur est toujours dans la nature.

Pendant ce temps, des officiers interrogent Aurélie, l'épouse de Phillipe. Traumatisée par le drame, elle parvient à peine à répondre aux questions des policiers en charge de l'enquête. Ayant du mal à manger et dormir depuis la veille, elle fond constamment en larmes. Plusieurs entretiens seront nécessaires pour obtenir sa déposition.

Le vendredi 2 décembre, la chasse à l'homme reprend à la première heure. Un hélicoptère de la police repère finalement le suspect nu dans le bush, près de la communauté aborigène de Six Mile, proche de Ti Tree. Au sol, des policiers se lancent à la poursuite de l'inconnu qui agresse deux agents avant d'être enfin arrêté. Âgé de 35 ans, l'homme est identifié comme étant Pande Veleski.

Placé en garde à vue, Veleski est conduit dans un hôpital d'Alice Springs où, sous bonne garde, il est soigné pour déshydratation et épuisement à la suite de sa nuit de cavale. Complètement nu lors de son interpellation, son corps est couvert de coupures et de bleus.

Le vendredi 2 décembre 2016, l'affaire est qualifiée de « bizarre » par un haut gradé de la police australienne nommé Travis Wurst. À ce stade de l'enquête, les autorités ne sont pas en mesure d'expliquer cette attaque mortelle qui paraît aléatoire et « non provoquée ». Pour tenter de retracer les événements qui ont précédé le meurtre de Philippe, les forces de l'ordre lancent un appel à témoins aux automobilistes qui circulaient dans le secteur de Connors Well. La police du Territoire du Nord se veut rassurante. Selon elle, les autres voyageurs ne doivent pas se sentir en danger. Il n'y a aucun problème de sécurité pour les touristes en Australie centrale. Sans mobile apparent, le meurtre du vacancier français reste inexpliqué.

Le samedi 3 décembre, Pande Veleski est officiellement inculpé pour le meurtre de Philippe Jegouzo. On en apprend plus sur lui. Veleski réside à Mill Park, une banlieue de Melbourne, dans l'État du Victoria. Sur les réseaux sociaux, ses profils sont remplis de photos d'animaux de compagnie et de pigeons voyageurs. Depuis cinq ans, Veleski souffre d'une schizophrénie qui s'est aggravée après la fin brutale de son mariage et la perte de contact avec sa fille. Fin 2016, l'homme d'origine yougoslave est perturbé. En effet, il a été lui-même victime d'une invasion de domicile, quelques mois plus tôt. Deux malfrats s'étaient introduits dans son appartement de Mill Park qu'ils avaient saccagé, en sa présence. Ils s'en étaient même pris à lui.

Fin novembre 2016, Veleski est censé aller pêcher, mais, ayant cessé de prendre depuis quelques jours les médicaments prescrits pour traiter sa schizophrénie, il a vraisemblablement un épisode psychotique. Paranoïaque, Veleski a des pensées délirantes. Il croit à tort être poursuivi par ses agresseurs, les responsables de sa violation de domicile, et même par la police du Victoria. Veleski prend ainsi la direction du Territoire du Nord à bord de sa Hyundai i20. Dans l'Outback, l'état mental de Veleski se détériore encore un peu plus. Selon ses déclarations ultérieures, il écoute la radio, dans l'attente d'un « signal pour tuer quelqu'un ». Le 30 novembre 2016, le hasard le conduit sur l'aire de repos de Connor Well, où il poignarde à mort Philippe Jegouzo. Par ce geste fou, Veleski pense qu'il va « sauver le monde » (information révélée dans un article du journal *West Australian* en date du 2 novembre 2018). Après avoir pris la fuite, Veleski tente de se réfugier dans une communauté aborigène reculée, près de Ti Tree. Il est sûr d'être accueilli après avoir « sauvé le monde ». En outre, il pense que les Autochtones vont le soutenir dans son projet de déclencher une guerre civile, une fois arrivé à Darwin. Mais, conscients d'avoir affaire à quelqu'un de dérangé, les membres de la communauté ne lui offrent pas l'hospitalité. Toute la nuit, Veleski se cache dans le bush pour se soustraire aux hommes de loi jusqu'au lendemain, le 1er décembre 2016, date de son arrestation. En détention provisoire, Veleski s'automutile et doit être hospitalisé. Dans l'attente de son procès, il reçoit un traitement dans une unité de santé mentale à Darwin.

Près de deux ans après les faits, s'ouvre le procès de Pande Veleski devant la Cour suprême du Territoire du Nord, à Darwin. Accusé du meurtre de Phillipe Jegouzo, de l'agression de deux policiers et d'autres délits, Veleski plaide non coupable pour déficience mentale. Des proches de la victime ont fait le voyage en Australie pour assister à l'audience. Sylviane, la sœur aînée de Philippe, déclare au tribunal que son frère était sympathique et confiant. « Personne ne devrait mourir comme ça. » rappelle-t-elle à juste titre. Isabelle, la sœur jumelle de Philippe, déclare au tribunal qu'elle souhaite que Veleski soit puni pour le meurtre insensé de son frère. « Pourquoi lui, pourquoi eux ? » déclare-t-elle à la barre. « Il n'avait rien fait. »

Le vendredi 2 novembre 2018, la Cour suprême du Territoire du Nord déclare Veleski non coupable en raison de ses troubles mentaux. Il est néanmoins condamné à purger une peine d'emprisonnement de 20 ans, sous surveillance médicale, à la prison de Holtze près de Darwin.

Depuis cette sombre journée de novembre 2016, la famille de Phillipe Jegouzo est dévastée. La personne la plus profondément affectée reste Aurélie, qui n'a pas fait le déplacement en Australie pour participer au procès. Elle a assisté, impuissante, au meurtre brutal et insensé de son mari et rencontre la plus grande difficulté à se remettre de cette terrible épreuve. Autrefois une personne joyeuse et dynamique, Aurélie ne peut plus travailler et a tout simplement perdu sa raison de vivre en perdant son mari. Les parents de Phillipe en veulent particulièrement au médecin traitant de Veleski qu'ils estiment responsable de la mort de leur fils. « Que faisait-il encore en liberté ? » ont-ils déclaré à la presse. « Si son médecin avait fait son travail, Philippe serait toujours en vie. » Bien que jugé non coupable en raison de son état mental, Pande Veleski passera les 20 prochaines années derrière les barreaux. Le juge australien a indiqué qu'il ne serait pas libéré sans que la famille Jegouzo en soit informée.

Commentaires et analyses

Le meurtre gratuit de Phillipe Jegouzo est des plus révoltants qui soient, seulement, il faut se réjouir que Pande Veleski n'ait pas fait d'autres victimes, à commencer par Aurélie, l'épouse du Français. Et ça n'est pas tout. Après la médiatisation du fait divers, une voyageuse sac au dos italienne nommée Maralina Greco a livré un témoignage effrayant. Maralina a raconté à la chaîne de télévision australienne Sky News que, le mercredi 30 novembre 2016, vers midi, elle faisait de l'auto-stop avec une amie au Erldunda Roadhours, un relais routier sur la Stuart Highway à hauteur du site touristique d'Uluru. Leur objectif était de remonter vers le nord à Alice Springs, distante de 468 km. Et

Maralina aurait justement rencontré Veleski ce jour-là. Elle lui aurait demandé s'il pouvait les emmener dans sa voiture et l'intéressé leur aurait répondu qu'il ne pouvait pas le faire avant le coucher du soleil. Jugeant l'individu louche, la touriste européenne a préféré ne pas donner suite à sa proposition. Il semblerait que Maralina Greco ait bien fait de suivre son instinct car, quelques heures plus tard, Veleski assassinait sauvagement Philippe Jegouzo sur l'aire de repos de Connors Well.

Rarement l'expression « au mauvais moment, au mauvais endroit » aura été plus appropriée pour qualifier la fin tragique de Philippe Jegouzo. Personne ne pouvait prévoir que sa vie toucherait à son terme d'une manière aussi violente et absurde dans cette aire de repos tranquille et perdue au milieu de nulle part. C'était son destin, diront certains. Par une certaine ironie du sort, le drame s'est produit tout près de l'endroit où Peter Falconio et Joanne Lees s'étaient fait attaquer vingt ans plus tôt (cf. affaire n° 5). Souhaitons beaucoup de courage à Aurélie ainsi qu'aux autres proches de Philippe, parti trop tôt.

13.

UNE VIRÉE EN ENFER
QUEENSLAND
2017

Les faits

Pour Elisha Greer, une Britannique de 21 ans, vivre en Australie représente le rêve de toute une vie. Originaire de Liverpool, en Angleterre, la jeune femme blonde arrive en 2015 au pays des kangourous. Amoureuse des paysages et du style de vie australiens, elle arpente le pays pendant des mois.

En octobre 2016, Elisha s'établit pour quelques temps à Cairns, une agréable cité côtière dans l'extrême nord du Queensland. Loin de l'agitation de Brisbane ou Sydney, Cairns constitue le principal accès à la Grande Barrière de Corail. Pendant trois mois, l'Anglaise passe du bon temps dans la petite ville balnéaire paisible. Sur un blog de vacances, la routarde se présente comme ouverte d'esprit et « espère rencontrer des gens intéressants ».

Le 26 janvier 2017, le jour de la fête nationale australienne, Elisha participe à un *« Bush Doof »*, une rave party sauvage organisée en pleine nature. Mêlant musique techno, psychotropes et recherche d'harmonie spirituelle, l'évènement est propice aux rencontres. Sociable, Elisha discute avec d'autres fêtards. Et elle fait la connaissance, entre autres, d'un Australien de 22 ans nommé Marcus Martin. Mince, barbu et les cheveux courts, Marcus est un original car il arbore de nombreux tatouages, y compris sur le visage. Ceci dit, il fait bonne impression à Elisha, car, l'air fun et bavard, il connaît beaucoup de gens sur place et tout le monde semble bien s'entendre avec lui. Au cours de la soirée, Elisha et Marcus parlent un peu ensemble et le jeune homme se confie à elle. Il lui dit notamment que sa mère s'est suicidée et Elisha se sent un peu désolée pour lui. À la fin du festival, et bien qu'il ne se soit rien passé entre eux, Elisha et Marcus échangent leurs numéros de téléphone.

Quelques jours plus tard, Elisha reçoit un texto inattendu provenant de Marcus dans lequel il lui demande si elle veut qu'ils se revoient, en tant qu'amis. La Britannique répond par l'affirmative. Elle va longtemps regretter ce choix. Au début, tout se passe bien. Marcus et Elisha font des activités ensemble : ils visitent une chute d'eau de la région et mangent des sushis. À ce stade de la relation, il ne s'est toujours rien passé entre eux. Cependant, les jeunes gens passent de plus en plus de temps tous les deux. À Cairns, Elisha réside à l'hôtel et Marcus, dans la galère, lui demande si elle peut l'héberger une nuit ou deux, le temps qu'il s'organise. Elisha trouve le garçon légèrement envahissant, mais, d'un tempérament généreux, elle accepte de lui rendre service. Martin emménage alors dans sa chambre, début février 2017.

Ce qui ne devait durer qu'une nuit ou deux s'éternise. Et non seulement l'Australien s'inscruste chez Elisha, mais il lui demande de l'argent. La Britannique commence à avoir peur de Marcus le jour où il exhibe, devant elle, une arme à feu, soi-disant pour se protéger. Marcus explique, en effet, être impliqué dans un trafic de drogue en relation avec des gangs. Elisha ne sait pas trop quoi en penser, seulement, il est avéré que le jeune homme consomme de la *crystal meth*, un puissant stimulant. Son comportement devient plus qu'inquiétant. Il clame autour de lui qu'Elisa est sa petite amie, ce qui est faux.

Un soir de février 2017, la situation s'aggrave drastiquement. Tandis qu'ils sont dans leur chambre d'hôtel, Elisha reçoit un texto d'un autre homme lui disant qu'il la trouve mignonne. En état d'ébriété, Marcus disjoncte. Il met à sac la chambre, renverse les lits, et fouille dans les placards en accusant Elisha de lui avoir pris quelque chose. Complètement fou, l'Australien se met soudain à battre sans raison la jeune femme, qu'il essaye même d'étrangler, au point où elle s'évanouit pendant une durée indéterminée. À son réveil, Elisha veut appeler la police. Le problème, c'est qu'elle n'a plus son téléphone. L'Australien le lui a confisqué ainsi que son portefeuille et son passeport. Elisha se dit qu'il vaut mieux qu'elle reste apparemment soumise, dans l'attente d'une occasion de s'enfuir. « Il avait la voiture », expliquera-t-elle plus tard. « Dans ma tête, la meilleure chose à faire était de l'accompagner et, de cette façon, je m'enfuirais. » Au cours des semaines suivantes, elle vit un cauchemar éveillé. En plus des violences physiques, Marcus Martin la viole, si souvent qu'elle en perdra le compte. Son ravisseur est, selon toute apparence, très instable mentalement. Après chaque agression, il se confond en excuses, en lui disant qu'il ne peut pas s'en empêcher. Mais cela ne l'empêche pas de recommencer…

Au fil des semaines, Martin révèle sa vraie nature : celle d'un psychopathe. Exemple éloquent : il jette les pilules contraceptives d'Elisha en lui annonçant qu'il veut la mettre enceinte. Son objectif est, sans doute, de renforcer encore un peu plus son contrôle sur elle. Si elle porte son enfant, elle ne pourra plus partir. Paranoïaque, l'Australien l'accuse, par moments, de travailler pour Interpol, l'organisation internationale de police criminelle. Il répète que « des gens » sont après lui. Et qu'ils sont aussi après elle. En fait, il fait allusion aux membres d'un gang à qui il aurait volé de la drogue. Si Martin tient un discours souvent délirant, il se montre également un être froid et calculateur. Il prend, par exemple, des photos de lui et de sa prisonnière en lui demandant d'avoir l'air heureuse. Par la suite, il envoie ces clichés aux parents d'Elisha en Grande-Bretagne avec le téléphone de cette dernière. Fin février 2017, la voyageuse est prise depuis un mois dans une spirale infernale. Elle imagine que le plus dur est derrière elle. À tort.

Le 1er mars 2017, Marcus Martin emmène de force Elisha dans un road-trip à travers le Queensland. Ils quittent tous deux Cairns en direction du sud à bord du Mitsubishi Pajero blanc d'occasion de l'Anglaise. Assis à l'arrière, Marcus force Elisha à conduire sous la menace d'un pistolet, qu'il braque régulièrement sur sa nuque. Mais, le plus souvent, la jeune femme sent la pointe d'un couteau dans son dos. Pendant trois jours, Marcus et son otage roulent sur les routes du Queensland. La jeune femme est frappée et violée à plusieurs reprises. Au fil des kilomètres, l'Australien devient de plus en plus imprévisible et brutal. Lors d'un incident, il casse même le nez d'Elisha par terre dans la voiture. Le visage violet et les yeux gonflés, l'Anglaise ressent tellement de désespoir qu'elle envisage de tuer Martin durant son sommeil avec son couteau. Elle renonce toutefois, par peur d'en subir les conséquences, dans le cas où la tentative échouerait. De surcroît, elle craint que l'Australien ne s'en prenne à sa famille en représailles, comme il l'a menacée de le faire. Elisha ne trouve pas d'autre idée que de laisser un appel au secours, écrit à la main, dans un livre d'or (« S'il vous plaît, aidez-moi. ») à l'occasion d'un arrêt routier. Seulement, personne ne le lira. Le salut viendra, heureusement, quelques jours plus tard.

Le 5 mars 2017, le couple fait un arrêt pour prendre de l'essence à Mitchell, une bourgade du centre-sud du Queensland, à 1 422 km de Cairns. Après avoir fait le plein dans une station-service, Marcus oblige Elisha à aller payer seule à l'accueil. Pendant ce temps, son ravisseur attend, caché à l'arrière de sa voiture. Beverley Page, la préposée de la station-service, se rend tout de suite compte que quelque chose cloche avec cette cliente européenne. Car, les yeux noirs et humides, elle semble « en état de choc, presque comme un zombie ». L'employée de la station-service échange quelques mots avec Elisha qui lui confie venir d'Angleterre, être battue et incapable de payer le carburant. Elle ressort d'ailleurs très vite, sans avoir réglé son achat. Beverley Page observe, impuissante, le Mitsubishi Pajero repartir. Consciente qu'un drame est en train de se jouer, elle prévient immédiatement la police locale. Grâce au signalement donné par l'employée et aux images de vidéosurveillance, les officiers vont réussir à remonter la trace de la cliente mauvaise payeuse.

Un peu plus tard, les hommes de loi localisent le Mitsubishi Pajero blanc, en train de rouler sur la Warrego Highway, à quelques kilomètres de Mitchell. Ils interceptent le véhicule et arrêtent Marcus Martin qui, caché sur le siège arrière, se rend sans résistance. Elisha Greer retrouve, enfin, sa liberté. Les agents en uniforme réalisent à quel point elle a été maltraitée. Le visage tuméfié et le nez fracturé, elle présente des marques de morsure le long des bras et des ecchymoses sur tout le corps. Selon les dires de la Britannique, Martin l'aurait poignardée dans le cou avec une clé. Il aurait essayé de lui fracasser les jambes pour qu'elle puisse à peine marcher, et même de lui arracher les yeux. On comprend aisément l'énorme soulagement ressenti par Elisha en voyant les lumières clignotantes bleues de la police. « Oh oui, je me fais prendre. » s'est-elle dit intérieurement à cet instant. Même si elle n'ose y croire, son calvaire a enfin trouvé son terme.

Une fois sauvée, Elisha est prise en charge par les autorités australiennes. Elle rentre en urgence dans sa famille de Liverpool, au Royaume-Uni, où elle subit une chirurgie de reconstruction du nez. Tentant de surmonter le traumatisme psychologique qu'elle a vécu, elle retrouve, peu à peu, une existence normale et recommence à travailler (dans le secteur de la coiffure). Néanmoins, elle devra attendre plus de deux ans le procès de son bourreau.

Le 28 mai 2019, Marcus Martin comparaît devant le tribunal du district de Cairns. Après avoir plaidé coupable du viol et de la privation de liberté d'Elisha Greer, il est logiquement reconnu coupable et condamné à une peine de dix ans d'emprisonnement. À cette période, Elisha fait montre de courage puisqu'elle a fait le choix de témoigner à visage découvert et sous sa vraie identité, en insistant sur le fait qu'elle ne veut pas être considérée comme une victime, malgré l'enfer qu'elle a connu. « Je pense que je veux juste faire savoir aux gens que cela ne m'a pas détruite. Il n'a pas gagné. » a-t-elle déclaré aux médias.

Commentaires et analyses

Elisha Greer revient de très loin. Heureusement que l'employée de la station-service de Mitchell a eu le réflexe d'alerter les forces de l'ordre. La Britannique a vraiment eu de la chance d'échapper à la mort lors de son épopée démoniaque en Australie. Sans sombrer dans la morale facile, la prudence doit s'imposer pour une personne seule et loin de ses proches, en voyage longue durée au bout du monde. Et c'est encore plus vrai quand il s'agit de faire des rencontres sentimentales ou simplement de trouver un compagnon ou une compagne de voyage. En offrant l'hospitalité trop rapidement à un parfait inconnu, collant et marginal (cf. ses tatouages sur le visage), Elisha a manqué de discernement et fait preuve de naïveté. « Il était si gentil au début et ensuite les choses ont changé. » a-t-elle relaté dans la presse. Parce que Marcus Martin, son ravisseur, était un esprit hautement manipulateur. Il s'excusait, paraît-il, après chaque agression, mais cela ne l'empêchait pas de recommencer. L'escalade des évènements a montré qu'il présentait des signes évidents de psychopathie. Rappelons, par exemple, son souhait de rendre son otage enceinte, pour mieux la conserver sous son contrôle.

Notons que l'Australien s'en est, lui, plutôt bien sorti dans cette affaire car, avant l'audience, l'accusation a abandonné plusieurs chefs d'accusation, notamment celui de torture. Une peine de dix ans de prison se révèle somme toute, assez légère, eu égard à la gravité des faits. Même s'il a été considéré responsable de ses actes, le jeune homme était incontestablement dérangé quand il a retenu Elisha prisonnière. Pour ne rien arranger, il était presque toujours sous l'influence d'alcool ou de drogue, en particulier la *crystal meth*. Et il faut savoir que la méthamphétamine peut provoquer de sérieux effets secondaires, tels que délires paranoïdes ou poussées subites de violence. Au vu de ses agissements, on peut dire que Marcus Martin a eu un comportement inhumain.

Quoi qu'il en soit, Elisha a bien précisé dans l'émission de télévision australienne *Sunday Night : True Stories* que, lors de leur rencontre initiale, Marcus Martin avait l'apparence de la normalité. « Il semblait juste être un gars sympa. Ouais, il avait l'air amusant, il n'avait pas l'air d'un psychopathe. » a-t-elle raconté. Quand elle a compris à quel point l'individu s'avérait dangereux et détraqué, c'était trop tard. « Je pensais qu'il allait me tuer. J'ai l'impression qu'il l'aurait bien fait. »

14.

ASSAUT SUR LE BIBBULMUN TRACK AUSTRALIE-OCCIDENTALE 2018

Les faits

Au cœur du sud-ouest pittoresque de l'Australie occidentale, le Bibbulmun Track est l'un des plus longs sentiers pédestres au monde, s'étendant sur presque 1 000 km entre Kalamunda, dans les collines de Perth, jusqu'à la ville historique d'Albany sur la côte sud. Bush, forêts imposantes de karri (une espèce locale d'eucalyptus), vallées embrumées, plaines, landes côtières, l'itinéraire offre un large éventail d'expériences différentes. Accessible à tous les niveaux, le sentier serpente à travers des paysages époustouflants. Chaque année, 80 000 randonneurs arpentent cette piste mythique balisée avec des panneaux triangulaires jaunes ornés du Waugal, le serpent arc-en-ciel du rêve aborigène. Si certains effectuent juste une promenade à la journée sur un tronçon du Bibbulmun Track, les plus courageux le parcourent en totalité. Mais il faut avoir du temps devant soi. 8 semaines de marche sont nécessaires pour rallier Albany depuis Kalamunda. La nuit, les marcheurs longue distance peuvent dormir dans des villages ruraux ou l'un des 49 sites de camping étalés sur l'itinéraire.

Ne présentant aucune difficulté particulière, la piste Bibbulmun s'avère le lieu idéal pour profiter du calme et de la beauté de la nature. Ouverte officiellement en 1979, elle n'a jamais fait parler d'elle dans la page des faits divers. Jusqu'au 28 juillet 2018…

À l'époque, un homme et une femme finlandais nommés respectivement Tuomas Tani et Queralt Tobarra séjournent en Australie. Âgés l'un comme l'autre de 33 ans, ils visitent le pays en travaillant également, par-ci, par-là. Ce samedi le couple entreprend de faire une balade sur le Bibbulmun Track, dont le point de départ se situe à seulement 30 minutes en voiture de Perth.

Tandis qu'ils marchent sur la piste, près de Paulls Valley, un ronflement de moteur déchire soudain le silence des lieux. Un puissant pick-up tout-terrain Mitsubishi Triton fait son apparition sur une route proche et, aussi insensé que cela puisse paraître, tente de percuter les randonneurs. Tuomas tombe lourdement à terre. Avant que les touristes ne comprennent ce qui se passe, le conducteur descend en brandissant une pelle. « Je vais vous tuer putain ! » crie-t-il. Il fond sur Tuomas, toujours sur le sol, grimpe sur lui et tente de l'étrangler. Le Finlandais commence à perdre connaissance. L'agresseur tourne ensuite son attention vers Queralt, mais Tuomas revient à lui et défend sa compagne. Une lutte acharnée s'ensuit entre les deux hommes. Pendant ce temps, Queralt saisit la pelle du fou furieux et lui assène un coup sur la tête. Par chance, un autre groupe de randonneurs passe sur le sentier à cet instant et vient lui prêter main forte. L'aliéné sera neutralisé jusqu'à l'arrivée de la police. Une ambulance est également appelée car le couple de Finlandais a subi de sérieuses blessures, notamment des vertèbres fracturées et plusieurs coupures profondes. Ils sont conduits à l'hôpital pour recevoir des soins, et pendant ce temps, les forces de l'ordre procèdent à l'arrestation du mystérieux agresseur. L'homme de 36 ans est identifié comme s'appelant Matt Whittaker.

Habitant la ville proche de Perth, Whittaker n'est visiblement pas un enfant de chœur. Les policiers se rendent compte qu'il a fixé des plaques d'immatriculation volées sur son Mitsubishi Triton. Et ils trouvent, cachées à l'intérieur du véhicule, une carabine volée et des munitions non autorisées par la loi australienne, ainsi que de la méthamphétamine, une drogue de synthèse extrêmement addictive. Ce puissant stimulant crée rapidement un état d'euphorie semblable à celui procuré par la cocaïne. Whittaker avait absorbé de la méthamphétamine avant l'attaque puisque l'on a détecté cette substance dans son organisme après son arrestation. Pour finir, le forcené du Bibbulmun Track purgeait une peine de prison avec sursis pour une agression sexuelle contre une femme sept mois plus tôt. Il avait alors attaqué une femme au moment où elle montait dans sa voiture à Northbridge, une banlieue animée de Perth. Celle-ci avait heureusement réussi à le repousser et à prendre la fuite.

L'enquête de police permet d'établir que Whittaker ne connaissait pas ses victimes et qu'ils ne s'étaient jamais rencontrés auparavant. Les autorités confirment qu'il s'agit d'un acte totalement aléatoire et que, par conséquent, ceux qui veulent randonner sur la piste Bibbulmun n'ont pas lieu de s'inquiéter. « C'est un événement horrible. » déclare à la BBC Steve Sertis, un guide local. « Je n'aurais jamais imaginé que quelque chose comme ça puisse arriver. » a-t-il ajouté. Force est de constater qu'il s'est trompé.

Le mardi 25 juin 2019, Whittaker comparaît devant le tribunal de district d'Australie-Occidentale. Il est accusé, entre autres, d'avoir commis un acte mettant en danger la vie d'autrui et d'infractions diverses liées à la drogue et aux armes à feu. Circonstance aggravante : Whittaker n'éprouve aucun remords concernant son comportement. Lors de l'audience, il blâme même ses victimes qui suivaient le procès par liaison vidéo depuis Helsinki. « Vous avez gravement blessé deux personnes innocentes », déclare lors du verdict la juge Belinda Lonsdale. « Vos deux victimes étaient terrifiées et croyaient que vous alliez les tuer. »

Jugé coupable, en toute logique, Matt Whittaker est condamné à une peine d'emprisonnement de 8 ans et 9 mois dans une structure carcérale d'Australie-Occidentale. L'homme devrait retrouver sa liberté en 2025...

Commentaires et analyses

Complètement imprévisible, l'assaut sur le Bibbulmun Track prouve une nouvelle fois que le risque zéro n'existe jamais et nulle part. Un couple de randonneurs déambulant sur un sentier réputé sans problème a été ciblé au hasard par un individu sous l'emprise de stupéfiants. Ils étaient, semble-t-il, au mauvais endroit au mauvais moment. Par chance, aucune mort n'a été à déplorer, mais les deux victimes, Tuomas Tani et Queralt Tobarra, ont été sérieusement blessées et choquées par l'agression.

Aujourd'hui encore, on ignore ce qui a déclenché cette explosion de violence sur un paisible sentier de randonnée. Matt Whittaker, le condamné, n'a jamais fourni la moindre explication sur son passage à l'acte et la drogue n'explique pas tout. Le parfum des terres sauvages australiennes ferait-il tourner la tête à certains ? Existe-t-il sur ce continent quelque chose qui pousserait les esprits criminels à satisfaire leurs pulsions inavouables ? Personne ne peut répondre à ces interrogations. « C'est une affaire étrange » a déclaré John Rando, l'avocat de Matt Whittaker. Personne n'ira le contredire…

15.

RESCAPÉE DE L'HORREUR AUSTRALIE-MÉRIDIONALE 2019

Les faits

En 2016, Davine Arckens a, du haut de ses 24 ans, une existence déjà bien remplie. Originaire d'une charmante bourgade belge, quelque peu endormie, Davine éprouve régulièrement le besoin de découvrir d'autres horizons. Afrique du Sud, Guatemala, Chine, elle a déjà beaucoup voyagé de par le monde pour élargir son esprit et s'occuper d'animaux, son autre grande passion dans la vie.

Fin 2016 vient pour Davine le moment d'explorer un territoire à la mesure de ses rêves : l'Australie. Visa vacances-travail (VVT) en poche, la jeune Belge arrive à Sydney et profite pendant deux mois des beautés qu'offre le continent australien. Melbourne, Tasmanie, elle multiplie les visites et est aux anges.

Début février 2017, Davine séjourne dans une auberge de jeunesse d'Adelaïde, en Australie-Méridionale. Désireuse de rester un an de plus en Australie, elle entreprend des démarches pour prolonger son visa d'une année supplémentaire. Pour obtenir le feu vert de l'administration australienne, elle a l'obligation de trouver un emploi manuel en zone rurale. À titre de rappel, la loi locale stipule que pour prolonger son VVT d'un an, il faut justifier 88 jours de travail dans des domaines spécifiques tels que l'agriculture et dans des zones géographiques en manque de main-d'œuvre. La voyageuse belge entreprend ainsi de trouver un job dans le bush, si possible auprès d'animaux.

Se tournant vers internet pour sa recherche d'emploi, Davine met une petite annonce sur le site Gumtree afin d'offrir ses services. L'attente commence et force est de constater qu'elle ne croule pas sous les propositions. Aussi la routarde est-elle ravie de recevoir le message suivant : « Seriez-vous intéressée pour élever des bébés veaux dans une ferme à deux heures et demie d'Adélaïde ? » L'offre, qui émane d'un individu prénommé Max, semble sérieuse et alléchante. « Nous allons travailler dans l'une des nombreuses fermes en Australie-Méridionale appartenant à une société appelée Genesis Inc. » lui explique l'homme. Genesis Inc. est, en gros, un réseau de fermes embauchant des *backpackers* étrangers.

Sa curiosité piquée, Davine demande des renseignements complémentaires à Max qui l'informe qu'elle ne sera pas la seule employée. Une fille française travaillera avec elle dans la ferme. Se sentant rassurée, Davine donne son accord et Max lui donne rendez-vous le 9 février 2017 à Murray Bridge, une ville à 80 km au sud-est d'Adélaïde le long du fleuve Murray.

Emballée, Davine annonce sans tarder la bonne nouvelle à Aiko Wang, une amie proche rencontrée lors de son voyage en Chine trois ans plus tôt. Hasard ou coïncidence : à cette époque, Aiko foule aussi le sol australien dans le cadre d'un séjour vacances-travail, mais dans l'extrême nord du Queensland, à l'autre bout du pays. Aiko se réjouit pour sa copine.

Le jeudi 9 février 2017 Davine quitte dans la matinée son auberge de jeunesse et prend un bus depuis le centre-ville d'Adélaïde jusqu'à Murray Bridge. Une heure plus tard, elle arrive sur place et Max vient la chercher à l'arrêt de bus. Dans la cinquantaine, grand et vêtu d'habits de travail, l'homme, qui arbore une moustache, a l'apparence d'un fermier lambda. Davine monte dans son véhicule, un *ute* - sorte de pick-up australien - de couleur rouge. Tandis qu'il conduit sur des petites routes rurales, Max se montre bavard et amical. Le trajet pour se rendre à sa ferme est assez long. Ils sont même obligés d'emprunter deux ferrys pour traverser des bras d'eau. En effet, la région au sud de Murray Bridge inclut deux lacs nommés respectivement Lake Alexandrina et Lake Albert.

Deux heures après leur départ, Max et Davine atteignent enfin leur destination : une vaste propriété perdue dans la campagne d'Australie-Méridionale. Après avoir franchi deux clôtures, ils rallient la ferme dans laquelle va travailler Davine. À son arrivée, Max lui montre les endroits où elle devra nourrir les bébés veaux. Puis, il la conduit dans un hangar à porcs au confort pour le moins spartiate. Un sofa est installé dans un coin du bâtiment au sol couvert de paille et d'excréments d'animaux. Là, le fermier demande quelque chose d'un peu « spécial » à Davine. Ayant eu des problèmes dans le passé avec des employés, il veut s'assurer que la routarde n'est pas une toxicomane. Par conséquent, il lui propose, calmement et sans agressivité aucune, d'enlever ses chaussures et de s'allonger sur le sofa. Davine s'exécute, légèrement déconcertée. Elle s'allonge sur le ventre et Max commence à vérifier ses bras et ses plantes de pied, à la recherche d'éventuelles traces de piqûres.

Tout à coup, l'individu grimpe sur Davine et tente de lui attraper les bras pour les mettre dans son dos. La Belge se débat, mais l'homme la menace. Il l'informe qu'il a une arme et qu'il n'hésitera pas à s'en servir, si besoin est. À cet instant, Davine sent quelque chose appuyer dans son dos. C'est assurément le canon d'un pistolet. Apeurée, la jeune femme cesse aussitôt de s'agiter, car elle ne veut pas mourir.

Le fermier attache les poignets et chevilles de sa victime avec des serre-câbles avant d'utiliser des chaînes. Par la suite, il ôte ses vêtements et l'agresse sexuellement. Il la menace à nouveau de mort si jamais elle tente de s'échapper. Il lui répète qu'elle doit être docile, sinon, il l'abattra avec son arme. Davine est absolument terrifiée. Son rêve australien vient de tourner brusquement au cauchemar. Elle se retrouve bientôt prisonnière dans un hangar à porcs infect et rempli de mouches. Nue et entravée par deux chaînes – une au poignet et l'autre à la cheville –, elle peut juste accéder à un vieux réfrigérateur en panne, non loin du sofa. C'est dans ce lieu glauque que son ravisseur a l'intention de la garder en tant que « jouet sexuel ».

Le fermier se faisant appeler Max – un faux prénom à l'évidence – lui annonce qu'elle est désormais la propriété d'un gang criminel spécialisé dans la traite de jeunes femmes. L'organisation, avec laquelle il est lié, expédie les filles « après approbation » à Sydney et Melbourne, où elles sont forcées de se prostituer. Pour finir, le kidnappeur de Davine la prévient qu'elle ne peut faire confiance à personne, pas même à la police, complice de l'organisation…

Sous le choc de ce qui lui arrive, la voyageuse traverse des moments de désespoir intense. Nul ne sait qu'elle est tombée entre les griffes d'un homme dépravé qui va la garder on ne sait combien de temps dans cet endroit sordide. En détresse psychologique, elle sait qu'elle ne peut compter que sur elle-même pour s'en sortir.

Davine se dit intérieurement qu'elle a peu d'espoir de s'en tirer vivante jusqu'à ce que son geôlier ouvre la porte du réfrigérateur à proximité d'elle. Il est en train de farfouiller à l'intérieur pour enlever tout ce que sa prisonnière pourrait utiliser pour s'enfuir, quand celle-ci repère quelque chose d'intéressant. Davine aperçoit dans le réfrigérateur des petits crochets métalliques utilisés pour lier les balles de laine.

Lorsqu'en début de soirée, « Max » quitte le hangar pour retourner chez lui, Davine prend son courage à deux mains. Elle profite qu'elle soit seule pour récupérer l'un des petits crochets dans le frigo. Ingénieuse, elle s'en sert comme outil pour essayer de desserrer la manille qui retient la chaîne autour de l'un de ses poignets. Après quelques minutes d'efforts acharnés, l'inespéré se produit : la Belge parvient à se libérer la main. En procédant de la même façon, elle se débarrasse de la chaîne qui la retenait aussi à la cheville.

Davine tente d'ordonner les pensées qui se bousculent dans son esprit. Après une courte réflexion, elle décide de ne pas s'enfuir dans l'obscurité. En effet, elle réalise que si « Max » lui a confisqué ses clés et son téléphone portable, il a laissé dans le hangar son sac contenant notamment son ordinateur portable ainsi qu'une clé USB Wifi. Davine allume tout de suite son laptop et se connecte sur internet grâce à sa clé USB. Le cœur battant la chamade, elle baisse la luminosité de l'écran de l'appareil, afin d'éviter qu'on ne la remarque de l'extérieur. Davine va sur son compte Facebook et poste frénétiquement des messages d'appel à l'aide :

« J'ai été kidnappée en Australie-Méridionale. »
« S'il vous plaît, je suis dans une ferme, quelque part. »
« Une ferme de vaches. »
« À deux heures de route de Murray Bridge. »
« Pris deux ferries. »

Ayant conscience que son geôlier peut revenir dans le hangar à tout moment, Davine se dépêche de donner le plus d'informations possible :

« Il a un pick-up rouge. »
« J'ai très peur de m'enfuir, il a une arme à feu. »
« Il va me poursuivre et me tirer dessus. »
« S'il vous plaît, prévenez la police et maman. »
« Je ne sais pas où je suis. »
« S'il vous plaît, aidez à me chercher. »

La Belge envoie ses messages à l'aveuglette sur internet. Par chance, son amie Aiko Wang, également en Australie, mais à plus de 2 500 km au nord, dans le Queensland, est connectée à ce moment précis. Elle lit les mots écrits par sa copine en temps réel et comprend instantanément le sérieux de la situation. Aiko engage le dialogue avec Davine. Elle lui demande de se calmer et de lui envoyer sa localisation. Mais, dans le hangar, la Belge perd soudain sa connexion internet. Elle décide d'éteindre son ordinateur et de le ranger le plus vite possible dans son sac. Vu qu'il commence à faire très sombre dehors, elle juge trop risqué de s'enfuir dans la nuit. Davine prend alors une décision extrêmement courageuse et intelligente : elle remet ses chaînes. Elle sait en elle-même que son amie Aiko va donner l'alarme et prévenir les forces de l'ordre qui vont se lancer à sa recherche. Par conséquent, la meilleure solution s'offrant à elle est d'attendre les secours, sans rien laisser paraître.

Informée par Aiko, la police australienne réagit sans délai. Le commissaire Mark Wieszyk, en charge de l'affaire, demande immédiatement une triangulation du téléphone portable de Davine. Les analyses techniques permettent de géolocaliser son appareil et reconstituer son parcours, le jour précédent. Le téléphone de la jeune Belge ayant activé plusieurs antennes-relais, les policiers pensent qu'elle est séquestrée dans une zone proche de Meningie, une ville d'environ 1 000 habitants, à 149 km au sud-est d'Adélaïde, sur les rives de Lake Albert. Des recherches terrestres et aériennes sont aussitôt déclenchées dans la région de Meningie. Une lutte contre la montre s'engage pour retrouver Davine parce que le commissaire Mark Wieszyk craint pour sa sécurité.

Tandis qu'elle passe sa première nuit, toute nue et enchaînée, dans l'immonde hangar à porcs qui lui sert de cellule, Davine entend des avions passer dans le ciel. Elle espère, au fond d'elle-même, que ce sont des appareils de la police, et qu'ils « ont des infrarouges ou quelque chose du genre » pour pouvoir la repérer.

Lorsque le soleil revient, le vendredi 10 février 2017, des avions des forces de l'ordre continuent de survoler le secteur de Meningie. Les quelques détails donnés par Davine sur le Net vont se révéler cruciaux. Vers 14 heures, un pilote remarque un *ute* suspect au sol. Le véhicule est caché sous un arbre dans une propriété agricole. Et, de couleur rouge, il correspond à la description donnée par Davine dans ses messages. Les policiers observent à distance un homme monter à bord du *ute* et se diriger vers la ville de Meningie. Tenu au courant, le commissaire Mark Wieszyk donne l'ordre à une patrouille de police de vérifier l'identité du conducteur, dans le cadre d'un apparent contrôle de routine. Il s'agit de Gene Charles Bristow, un fermier de 54 ans. Étant donné qu'à ce stade, les officiers n'ont aucune raison légale de retenir Bristow, ils le laissent repartir libre.

Se faisant appeler « Max » sur Gumtree, c'est bien Bristow qui a entraîné Davine Arckens dans une souricière. De retour dans son exploitation, le fermier semble paniquer. En plus d'avoir été contrôlé en ville, il a aperçu les avions faire des ronds dans le ciel au-dessus de chez lui. L'homme se précipite vers le hangar à porcs où il retient sa victime. Il la libère de ses chaînes et lui ordonne de remettre ses vêtements et de le suivre. « Il y a la police partout. Il faut partir ! » lui dit-il. Même si elle a peur de se faire tuer, Davine obéit. Elle attrape son sac à dos et sort du hangar en courant avec Bristow qui la fait grimper dans son véhicule.

Pendant que son kidnappeur conduit, Davine n'a aucune idée de l'endroit où il l'amène. En fait, Bristow la reconduit à Murray Bridge, la ville où il était venu la chercher, et, contre toute attente, il la laisse dans un motel, le Central Olympic Motel. Il lui donne pour uniques instructions de prendre un bus jusqu'à l'aéroport et de rentrer chez elle. Davine se retrouve seule et enfin hors de danger, cependant, elle l'ignore encore. Affaiblie mentalement, elle se croit toujours menacée. Se souvenant des paroles de son agresseur, elle craint toujours que d'autres membres du réseau de trafic sexuel ne s'en prennent à elle. Davine a même peur d'appeler la police en qui elle n'a pas confiance. Tiraillée par la faim, elle finit par quitter le motel pour chercher de quoi manger. Un policier qui n'est pas en service la reconnaît alors comme la *backpacker* portée disparue. Pour Davine, c'est la fin du calvaire, toutefois, plusieurs heures lui seront nécessaires pour retrouver un mode de pensée normal.

Le lendemain, le samedi 11 février 2017, au matin, la police fait une descente dans la ferme de Bristow et l'interpelle, sous les yeux médusés de sa famille qui n'était au courant de rien. Bristow s'est rasé la tête et a tenté de faire disparaître les preuves de son crime. Ses tentatives se révéleront vaines. L'ADN de Davine est détecté partout dans le hangar à porcs. Les chaînes dont s'est servi Bristow pour la retenir sont repêchées au fond d'un puits et le téléphone portable de la Belge dans un réservoir d'eau. Les policiers ramassent aussi sur la propriété un faux pistolet en plastique acheté par Bristow sur eBay. En résumé, il ne fait aucun doute que l'homme est bien coupable des faits qu'on lui reproche : enlèvement, séquestration, mauvais traitements et viols sur la personne de Davine Arckens.

L'enquête de police révèle, par ailleurs, des informations faisant froid dans le dos. Durant la séquestration de Davine, Bristow menait une vie en apparence tout à fait ordinaire. La maison dans laquelle il vivait avec son épouse Jan, son fils David et Shane, la petite amie de ce dernier, n'était distante que de 350 mètres du lieu où était enfermée sa victime. Seulement, cette maison était cachée derrière des arbres. Horrifié par les actes de son père qu'il admirait beaucoup, David a des mots durs à son égard. Pour lui, rien ne pourra pardonner ce qu'il a fait et c'est comme si son père était « mort ». Parce que Gene Bristow a incontestablement prémédité ses actes. Et il y a pire : sachant qu'il ne s'était rendu compte de rien, David ne sait pas si cela ne se serait pas déjà produit une fois, deux fois ou dix fois dans le passé. Il est difficile de vivre avec de tels doutes.

De son côté, Gene Bristow affirme à qui veut l'entendre qu'il est à 100 % innocent. Dans des lettres envoyées à son fils, il explique que Davine n'était pas là, que tout ce qu'elle raconte n'est qu'un paquet de mensonges et qu'elle a fait tout ça pour de l'argent. Mais ses allégations ne convainquent personne….

Le 14 mai 2019, Gene Bristow passe devant la justice. Après avoir plaidé non coupable, il est condamné à 18 ans d'emprisonnement pour avoir retenu en captivité et violé la routarde belge. Il ne sera pas admissible à la libération conditionnelle avant 2032. Une fois libre, il sera susceptible d'être expulsé vers sa Grande-Bretagne natale, parce qu'il n'était pas né en Australie. Du fond de sa cellule, Bristow continue de nier avoir joué un rôle dans le cauchemar de Davine. Par voie de conséquence, il n'a jamais exprimé le moindre remords pour ses actes...

Commentaires et analyses

La mésaventure australienne de Davine Arckens rappelle beaucoup celle de Natalie (cf. affaire n° 9). Notons que, par un drôle de hasard, Meningie, où la jeune femme a été séquestrée, ne se situe qu'à 60 km de Salt Creek (cf. affaire n° 11). Autant dire qu'à l'échelle de l'Australie, c'est juste à côté. Mentionner Salt Creek s'impose d'autant plus que le site d'information australien ABC News a révélé que l'avocat de Bristow a, avant la condamnation de son client, insinué que, pour sa plainte, Davine s'était inspirée de l'attaque sur les deux *backpackers* de Salt Creek (relatée dans le présent livre). Cette allégation a été heureusement rejetée. La question qui se pose est de savoir si ce n'est pas plutôt Bristow qui aurait copié Roman Heinze. Le fermier de Meningie n'aurait alors été qu'un *copycat* (imitateur), comme on dit dans le jargon policier anglo-saxon.

Suite à sa libération, Davine s'en est, un temps, voulu d'avoir été bernée par le fermier australien. Cela dit, elle a des circonstances atténuantes. Bristow a fait montre d'une grande sournoiserie dans son mode opératoire. Par exemple, lorsqu'il a conduit sa victime entre Murray Bridge et le lieu de sa captivité, il a pris un itinéraire bis et a énormément rallongé son trajet pour mieux désorienter sa victime. Bristow a mis deux heures au lieu d'une et pris deux ferries alors que ce n'était pas nécessaire. Résultat final : Davine pensait être au milieu de nulle part. Or le poste de police le plus proche, celui de Meningie, n'était distant que d'un peu plus d'un kilomètre du hangar où elle était enfermée. La perversité de Gene Bristow a été jusqu'à faire croire à la jeune Belge que, prisonnière d'un mystérieux réseau, elle ne pouvait pas même faire confiance à la police, infiltrée par les criminels. L'idée était de la détruire psychologiquement pour mieux la rendre passive. Mais il semblerait que Bristow ait sous-estimé sa victime. Comme Lena Rabente, dans le cas de l'attaque de Salt Creek, Davine a surpassé intellectuellement son bourreau. Ce dernier a également commis des erreurs et on ne peut que s'en réjouir. Le manipulateur a fini par être lui-même manipulé. Son plan a échoué et, par chance, il a conservé une infime part d'humanité en épargnant la vie de Davine quand il était en passe d'être arrêté.

En 2019, deux ans après les faits, Davine a tenu à témoigner à visage découvert, sous son vrai nom, et à raconter au monde entier son incroyable histoire de survie. Elle est même retournée sur les lieux de son calvaire, invitée par « 60 Minutes Australia », une émission de télévision populaire. Parce que « vous ne voulez pas que quiconque ruine le reste de votre vie », a-t-elle déclaré. Si elle n'avait pas entrepris cette démarche, elle aurait eu l'impression que Bristow avait gagné et elle ne voulait pas du tout de ça. À l'instar de Lena Rabente, Davine Arckens est un modèle à suivre, en termes de courage et de résilience. Toutes les deux prouvent que ce n'est pas le sexe ou le gabarit qui font la force, mais avant tout l'état d'esprit.

CARTE DE L'AUSTRALIE

(localisation des 15 histoires)

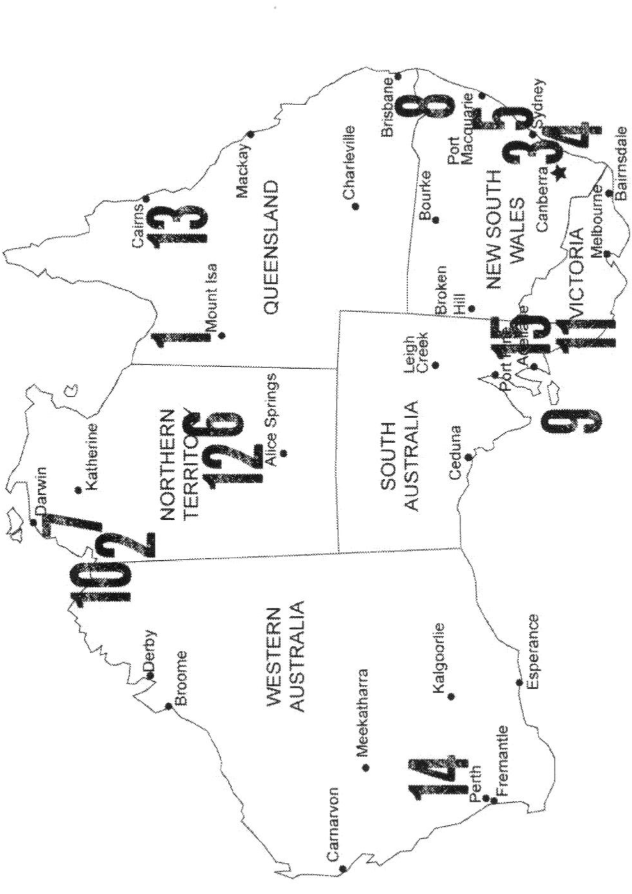

DU MÊME AUTEUR

HISTOIRES VRAIES

- Disparus dans la nature (USA) : Tome 1
- Disparus dans la nature (USA) : Tome 2
- Disparus dans la nature (monde)
- Disparus dans la nature (Asie)
- Disparus en ville
- Disparus en mer

ROMANS

- Passager vers l'enfer
- Klimax
- La Conspiration du chaos

Printed by Amazon Italia Logistica S.r.l.
Torrazza Piemonte (TO), Italy

30135063R00109